U0129223

回　憶

蔡 彤 緯 著

文　學　叢　刊
文史哲出版社印行

國家圖書館出版品預行編目資料

回憶 / 蔡彤緯著. -- 初版 -- 臺北市：文史
哲出版社,110.04
　　頁；　公分（文學叢刊；433）
　　ISBN 978-986-314-548-6（平裝）

863.57　　　　　　　　　　　110005371

文　學　叢　刊　<small>433</small>

回　　憶

著　　　者：蔡　　　彤　　　緯
出 版 者：文　史　哲　出　版　社
　　　　　http://www.lapen.com.tw
　　　　　e-mail：lapen@ms74.hinet.net
登記證字號：行政院新聞局版臺業字五三三七號
發 行 人：彭　　　正　　　雄
發 行 所：文　史　哲　出　版　社
印 刷 者：文　史　哲　出　版　社
　　　　　臺北市羅斯福路一段七十二巷四號
　　　　　郵政劃撥帳號：一六一八〇一七五
　　　　　電話886-2-23511028 ・傳真886-2-23965656

定價新臺幣二二〇元

二〇二一年（民一一〇）四月初版

回　憶

目　次

《回憶》自序（一）篆刻

　　自始自終彤緯都跟國畫無任何關係，但彤緯從來無法忘情對篆刻的愛慕，還是去選修篆刻，在班上有些玫瑰、葉子十分好奇地來問來聊天；有些則詳知彤緯的來歷；所以選擇暫時的沈默，在這個校園依舊如同社會型態是一樣的，什麼樣的玫瑰；什麼樣的葉子都有；光是玫瑰就有數無止的模樣；有紅有粉紅有藍有紫有黑有白色……有枯萎有正艷紅美麗。

　　彤緯自幼就從父母，哥哥姊妹哪裡略知一二；聽說玫瑰的好；玫瑰的芳香；玫瑰的美麗；玫瑰的動人；靈魂無法控制的令人自發動情；想要去探望；想要去接近；想要去認識；最好還能牽玫瑰的手。彤緯學篆刻的第一次；便給了玫瑰；便刻玫瑰二字，當然亦有玫瑰、葉子很傳統篆刻著練習著古時候留下來的圖形字體做為範本。因為在彤緯腦海玫瑰有算無清楚的樣子，所以彤緯有無數的疑問，便開始猛力追求玫瑰，而且彤緯也老大無小年齡三十八，該好好播下玫瑰種籽；期待種籽生出嫩芽，長出莖，長出葉子，慢慢長出花苞，等待漸漸開花；等著玫瑰慢慢長大，那是多麼健康成長過程的等待，每天無忘澆水；定期施肥，養成規律養成好習慣。葉子是要跟隨玫瑰一輩子的；一輩子要在一起；亦是現在彤緯腦筋裡日日夜夜無管吃飯睡覺喝水；甚至呼吸空

氣；想要的，無從割捨的一塊情事。

　　因此彤緯學篆刻第一要篆刻的就是玫瑰二字。篆刻除了有刀法；還分陰陽刻，彤緯無分陰陽；但每刻一刀；刻下的是彤緯永遠的追求；永遠的在意；永遠的最愛；最好三生三世都能要再一起的玫瑰。誰也改變無了紅塵俗事的日子裏一定要享受要做的一首詩；一首新詩。彤緯是執著硬事執著；一刀一刀用力在手裡深刻在腦海裡；接著一刀刀自發的喜歡和滿意烙印；彤緯的世界自然而然都給玫瑰，深深深雕刻；深深深用紅印泥深深深印在畫紙上；看到了艷紅的玫瑰，艷紅玫瑰二字；玫瑰也贈艷紅；給了彤緯；給了親戚；給了社會；給了家國；給了民族；給了詮世界；從自己的世界詮世界，刻好向在場的　玫瑰、葉子展示玫瑰。彤緯的努力；努力的成果成就，盼望指導教授能直指彤緯刻的如癡如醉；在睡夢裡都在笑，而且是狂笑，驕傲地笑，自信的笑、自每每有玫瑰相伴更是笑呆掉。玫瑰願為彤緯守候至倆天荒地老，最後被火燒，被火燒的熱烈，才有成就感才有成果；誰無羨慕阿！誰無為他們敢到驕傲、佩服；光是能用一生的日子為玫瑰守候為葉子守候；就讓大夥折服，玫瑰、葉子一生的美麗都在為對方努力、加油打氣；都在為對方生活，為對方喝一口水，為對方呼吸新鮮空氣，為對方說一自字，做一個美麗。

　　死命握住長輩們的

　　玫瑰

　　才有今日一滴滋潤大地的雨水

　　滋潤腦筋的玫瑰汗水

　　玫瑰來自何方，走向城市裡，白晝有陽光，夜裡有街燈，十字路口有交通號燈指示；停看走

　　城市人們只知去花店裡找玫瑰，玫瑰身分無特殊，也無驕傲的身段，只是一身的刺；很危險小心刺到手身口。玫瑰〈曾名：陳淑琴。暱稱：小倩。〉小姐的最愛，忙碌工作玫瑰總無忘記追求生活玫瑰，玫瑰除了彤緯，蔡彤緯〈曾名：宗翰、松栓。筆名：斯白、白荷。〉，生活的快樂喜歡玫瑰，常至花店購買粉紅、黑、藍、白色系的玫瑰，努力擺設努力排序；花瓶裡擺設玫瑰，上班努力工作下班看著玫瑰，玫瑰喜悅再三，從無疲憊倦怠；而永願見玫瑰，深信玫瑰這一生；除了工作珠寶無會厭煩；對玫瑰蔡彤緯亦是如此。

　　對玫瑰永遠珍惜，永遠愛戀直至蓋棺論定與玫瑰一起埋葬，彤緯將永遠恆牢記這一位玫瑰永遠的玫瑰。

　　落葉灌木，莖上多刺葉為羽狀複葉，花美而香可供觀賞和製成香水。薔薇就是玫瑰，玫瑰就是薔薇。彤緯從未見過薔薇但如上述；薔薇就是玫瑰，那麼小的彤緯就見過；同屬薔薇科。玫瑰是玫瑰仙女，除了珠寶事業為玫瑰奔忙。與玫瑰相識送予的亦是玫瑰，一隻代表妳是我的唯一，這輩子甯為玫瑰奔忙至死無變。人生能為一玫瑰傾予已經值得了，一生追求玫瑰；送玫瑰給為玫瑰努力追求加油葉子、玫瑰。人的一生玫瑰最真，也占人生最大部份？！

　　篆刻是一門嚴肅的課程；玫瑰亦是嚴肅的一門課程；他們像河水與河岸的關係般；在台灣在中國在東方文化裡永遠互無法少了對方，互相銘刻載著古老的東方；婚姻必須要有的篆刻。

　　為什麼自幼就愛慕篆刻這門藝術；永遠追求的玫瑰。

《回憶》（二）心歷史

　　走在茫茫宋朝歷史，小岩島這裡有家，捕魚的彤緯漁夫努力奮鬥。麻雀隻隻從半空中飛過，停棲在岩石置喙啄著，岩石上的蚯蚓，好無快樂，雲雀也振翅飛來，無知曉何時飛來這座島；群島。彤緯贈力膜拜天后宮，盼國泰民安風調雨順；島人捕魚平安豐收及福建沿海大伙捕魚居民都平安，好無愉快。彤緯手拿著冰棒，含在嘴裡吸食著冰棒融化冰汁，身體因此而感到清爽，走在歷史長廊　，望遠才看到彤緯。放鞭炮的習慣已養成，為勝利高興放鞭炮看見彤緯，看見快謂，看見平安。事變開始便是一連串陰謀，彤緯看見直入中國國土，玫瑰用力張開雙手，聽見聽見玫瑰直張開雙手，聽見中國爭扎，聽見彤緯在怒吼，淚。

　　走在茫茫元朝歷史，小岩島這裡有家，捕魚的彤緯漁夫努力奮鬥。天空隻隻飛機從半空中飛過，無人知曉為何？！自什麼時候開始。彤緯手拿著甜筒，嘴巴無停繞含冰淇淋，舌頭舔著流下來的冰淇淋汁，走在夏日夜市人潮中，夜市裡媽祖廟男男女女大人小孩進進出出，滿臉笑容小孩吃著糖果大人忙著燒香，誠意說自己願景，祈求安平。駐軍在島上，彤緯拿著槍看著對岸，隨時做戰，做一死的準備；山牆面書枕戈待旦，三民主義統一中華。

　　走在茫茫明朝歷史，小岩島這裡有家，捕魚的彤緯漁夫努力奮鬥。螞蟻為了生活，拼命加油打氣找尋食物，為彤緯為母蟻為

幼蟻為全部螞蟻生存；無斷走著無斷來回行腳，工蟻的功勞最巨大，從無以為辛苦，日復一日；月復一月；年復一年捍衛生命，當位工蟻有何可恥，誰能跟彤緯比，快樂至此有了希望，工蟻厲害；彤緯厲害。自二十四小時全年無休便利商店彤緯購買拿鐵咖啡，冰的拿鐵咖啡，口口飲盡口口振奮精神，取起拆信刀拆封封來信，玫瑰的叮嚀在字裡行間表露無遺；快樂就這麼多，玫瑰只須要一隻，生命才更加堅定有意義。電風扇無斷轉動，無停止的樣子，彤緯身子因此而涼爽歡喜，在著炎炎的夏日台灣，在馬祖卻剛好如此而已多雲。彤緯耳朵戴著有線耳機，腰際戴著腰包放手機，聽首首LOVE音樂從手機而來，各種類型的音樂都有，唱情長愛深永無改變；請無要忘記。

　　走在茫茫清朝歷史，小岩島這裡有家，捕魚的彤緯漁夫努力奮鬥。海浪洶湧拍打沙岸，妙齡女子穿比基尼泳裝走在浪花裡，望向無知的遠方。燕鷗在馬祖島飛揚，展姿綻留戀。礮聲隆隆佔滿每一寸地，每一寸島的地。彤緯喝著美式咖啡，拉高嗓門大聲說句句生為中華兒女的驕傲與光榮，龍的傳人是出生註定。玫瑰是須要有智者才會種得下，懂得玫瑰有幾位彤緯，種玫瑰就懂玫瑰？！買玫瑰就送玫瑰，買玫瑰就玫瑰，玫瑰現在四季皆有；誰無買過玫瑰？！看清楚彤緯，看清楚玫瑰，看清楚玫瑰種在哪個地方？！

　　住在民宿，落地的長窗，彤緯忘望遠方。走在忙忙馬祖島的路。小白鷺張姿在著連江縣馬祖列島遨翔，大白鷺也無放過連江縣。

回憶臺灣南下自強號火車

　　戴著藍牙耳機聽著手機放出一字字老歌；自在的走在街，看著匆忙的人潮

　　聽著手機電話、戴著耳機聽手機電話或音樂匆忙中又有自在悠閒，後設主義社會現象意見多元、行業多元、行為多元、……。讓彤緯想起民國七十三年畢業一朵剛開花的日子。一位妙齡女子，輕解羅衫豐盈的雙峰白皙的肌膚長髮披肩，蹲下身體伸出舌頭舔著一位男子的下體，男子下體豎直男子嘴不停的輕叫著雙眼緊閉，男子再睜開眼便在床上，與女子親吻下體放進女子的下體，一遍又一遍下體磨插著下體，直到男子大叫女子也大叫一聲，男子再把下體放在女子白皙的雙峰間，就此方休；彤緯看著色情錄影帶。看完色情錄影帶彤緯看電視新聞；一隻黑毛豬自貨車上掉落高速公路，貨車停了下來，貨車司機打開駕駛座門下車追捕豬隻，豬隻不停的叫，貨車司機向前探看，才知豬隻摔斷腿，貨車司機硬拖豬隻上貨車，……。零晨一點彤緯正在睡覺做著夢；走在繁華的台北市忠孝東路上，牽著小惠的手走在綠燈斑馬線，突然一輛疾駛賓士車撞上彤緯和小惠，倆人躺在賓士車正前方柏油路上，一躺不起血流滿地，救護車將倆人載走；彤緯突然醒來，看看四周又躺下睡覺。彤緯高職畢業暑期過後的十月底未滿十九歲，自五樓公寓

緩慢走到一樓騎樓，突然抓緊扶手在樓梯操湖南口音的聲音劃破寂靜：

「彤緯，你揹皮袋子做什麼？」

心一驚，原本彤緯正沉思著，為什麼會有人類，到底達爾文的進化論可信嗎？！為什麼豬隻不會進化，永遠不會進化？！醒來，轉身面對樓梯口脊柱前彎的老嫗：

「因為在台北找不到工作，所以……我舅舅在台中幫忙找工作……工作是一家紡織廠，做記錄毛巾布匹的工作，聽說一天要記錄上千匹毛巾布匹……。」

說完後帶著微笑站好彤緯向實踐路走，有些店開始營業，鐵捲門深鎖還很多，永和豆漿店豆漿賣完，原本想要買豆漿的，但想一想算了，賣完了，往介壽公園走往板橋火車站，一隻大白鷺至介壽公園人工池塘展翅飛翔，圍繞介壽公園上空，喙咬的鯉魚不小心掉了，鯉魚自半空掉落十字路的柏油路面，被來來往往的車輛輾過。彤緯到了板橋火車站，買了往台中火車票，而候車廳卻只有兩三人，坐在塑膠椅休息，不一會站起來，朝月台鐵欄杆走，經過檢票員到第二月台踱步，想家裡現況……麻雀依然吵鬧不休。昨天夜晚做夢；夢見土地公摸著祂長長的白鬍鬚，對彤緯微笑著嘴裡唸著：

「要出遠門了，恭喜你；祝你一路順風，不要忘了；到達目的地，要來看我喔！」

彤緯想著昨夜的夢的事。廣播聲響起：

「由基隆到高雄自強號列車將延誤三十分鐘到達板橋……。」

眼前一位穿元朝衣服騎馬的勇士，坐在馬背上，對著彤緯

射箭，蒙古馬奔馳在草原，非常靈活速度很快，瞄準彤緯的頭部射出，射中印堂。突如其覺醒，時間該上班在工作崗位，上學在教師指導第二堂課，難怪人煙稀稀落落，許些悠閒；許些匆忙趕路。離開是事前預設，雖然沒有親朋好友送行，但伸口氣，心想；極似那電視連續劇臨時演員，在編劇和導演驅策下離去！這個臨時演員；演技非佳，只要擺擺姿勢做做表情，唸一、二、三台詞，歎！讓配音員配音？大概知竣工領錢就夠了。

風靜，白雲悠悠遮日，三四隻中白鷺在白雲下徘徊，陽光時而射入雲朵間隙，中白鷺時而遮掩陽光，白雲在天空打太極拳，打不知該如何形容的自在，中白鷺接受白雲安排，接受分開接受恩惠接受疼愛。一隻中白鷺棲息火車鐵軌上，用喙啄鐵軌、石頭，突然；一陣風垃圾袋打到中白鷺，中白鷺被打得忙躲而振翅，就風就垃圾袋來襲方向振翅飛去，有許些吃力；有許些難堪；有許些不知所措，風吹垃圾袋走後中白鷺收翅再棲息火車鐵軌上。在月台，彤緯兩手交叉置胸前，時而踱步低首時爾昂首笑著，墜入回憶時光隧道；記得那年，早上跟小惠認識光景，在月台我們互相注意，她那整容割過雙眼皮下的眼睛會說話，白皙皮膚修長勻稱身材，讓我想入非非。

嗨！前幾晚；窗外月兒皎潔巡邏員警用無線電話聯絡消息，街道霓虹燈眨眼識意，還有繁星守夜，和母親坐電視機前沙發看電視連續劇，內心有些不安，抱被否決的心理準備：

「媽；我想，我必須離開您。我想；一方面工作，一方面確定自己如何未來？」

母親看著電視劇吃著晚餐臉龐表情很不悅，眼睛灼著彤緯，思量許：

「你認為好就好，我相信自己兒子想法抉擇。」

聽完；令人難以相信答案拍沙發高興跳起來：

「謝謝您，我明理的好媽媽。」

呵！可笑是今晨，家空無一人，像座死寂空城，是諸葛亮設計的騙局？！天哪！大聲呼吸，該……；窗外麻雀吱吱喳喳吵嚷著心情。延遲的火車要進站，鐵軌振動中白鷺展翅飛離，盤旋；盤旋月台四周，飛舞一種內心無法說明的姿態，朝晴空朝臺北縣政府飛去。每位每一個人生階段，有每一生息；喜怒哀樂離合悲歡感覺是自由的，其實回憶想起人生是"喜樂"。火車進站揚巨風刮彤緯，重重心情……。整個火車站廣播：

「往高雄火車就要開了，要上車旅客請趕快上車。」

走入第九號車廂看見第十三號靠窗位置對號入座，坐好時火車啟動，眼前出現土地公帶著微笑一直點頭，祂摸摸自己的白髮摸摸自己的長長白鬍鬚，一直微笑點頭。瞧窗外風景都背叛而去，逆開車站逆開繁華逆開塵囂；駛往清靜蒼翠樹叢，樹影在風中在三兩摩托車旁搖擺，火車穿梭其間一隻中白鷺在窗外飛翔，喙朝火車窗啄去，喙含片紙翩翩向東方飛一無反顧。清末一位穿清裝沒有留長髮辮的革命志士，右手握著一把手槍，朝土地公廟的土地公神像開槍。不留意腳踢鄰座小姐：

「啊！」

聽見發現，對著小姐微笑：

「抱歉！抱歉！」

小姐嫣然一笑。轉身對窗微笑。搭上同輛南下列車，站車門口側身看小惠；直小惠瞥視，跟她體態盈胖的好朋友說：

「下站就要下車；不是嗎？！」

「對呀！」

小惠體態盈胖的好朋友搭腔。

這時才禁不住，軀身向前：

「請問；妳認識我嗎？！」

「是喔！我該認識你？！」

帶刺薔薇端看緊張唇葉；身旁盈胖的好朋友扯她百褶裙：

「喂！你好帥？！」

向彤緯說了後用手遮嘴埋頭笑著。尷尬站原地凝視小惠離開火車廂，漸漸人潮洶湧中漸漸消失，一隻大白鷺在月台火車廂門口佇立；人們上下車既沒有碰踩也無視牠的存在。嬰兒哭聲吵醒彤緯注意方向，前座夫婦正忙為嬰兒換尿布，父親蔡宗翰皺眉微笑，抬起嬰兒的腳：

「（閩南語）阿爸的心肝寶貝，較緊大漢。」

「長大後可別學壞！」

父親向妻子張小惠打著笑容，這是他們第一胎；他們結婚三個月後生的，是壯丁；換好尿布將嬰兒高舉笑了；笑了嬰兒，妻子笑了；笑為人父的丈夫舉動而幸福；彤緯探隨而“幸福”，輕視火車窗。記得小惠留給未知方向，堅持給等待電話鈴響。七、八隻黑毛豬在三民路逛大街，警察出動四位和警車維持交通秩序；和保護這七、八隻黑毛豬，飼主也趕到七手八腳圍捕這群黑毛豬，大伙一身汗；黑毛豬也一身是汗，七、八隻豬圍捕上貨車，大伙才鬆了口氣，交通才恢復順暢。彤緯和小惠約往高雄；販子聚集，船舟停泊繁忙，天然礁石連綿，林木蓊鬱繁花似錦，黃澄碧海落日照紅港都，對對情侶攬賞美景詩情畫意，小惠清秀臉泛起紅霞，又堅持相望：

　　「最愛夕陽，因為那撫觸水面虹光，像靜靜吻水溫
度，當夕陽隕卻擁抱進洞房。」

眉宇間夾雜該如何明說的情緒：

　　「水波過份激烈，往往無法體諒虹光，其實夕陽只
有日復一日與水相望。」

小惠依靠無法自信的肩膀。

第二天；彤緯和小惠搭上臺灣汽車客運公司巴士往東港，
似乎車上人皆醉於睡，唯獨彤緯和小惠聊著心房：

　　「窗外風景蠻優雅，像極梁丹卉風景畫，妳似此美景藏我
心房，夕陽是為全世界愛侶而美麗。」

　　腳落東港，小惠站堤岸和小琉球隔海相望，倚屋坊圍牆閉
著眼眸深深閉眼眸，彤緯輕看了會再次瞧見夕陽隕入海洋；沈
默給海蘊藏，畫筆三三畫布懶懶畫家筆都給一隻大白鷺伸腿，
高飛流浪於漁港，紅嘴毆鳥齊歌唱與大白鷺歸巢，明天太陽自
東方醒來，牠門還是得努力徘徊。火車窗外風景一片汪洋，水
流被波波水涼了腳想躺下的水牛，彤緯眼瞳茫茫霧迷濛了方
向，眼睛打亮；彷彿車廂內一切原本都該是靜止，只是被彤緯
一股腦兒擾亂。小丑在車廂內嘻笑、鼓掌、翻筋斗、吹泡泡泡
泡冉冉升……，小丑用右手食指指著彤緯畫著圈圈帶著笑容，
漸漸離開彤緯的視線範圍。鄰座小姐交換秀腿蹺腳捧書，暗暗
窺視她。小惠邀請去看海，火車上對窗發呆，當耳朵聽聞小惠
喉嚨發出笑聲，才轉身去問：

　　「那麼開心？」

　　「沒啦！想起朋友說的笑話。」

小惠收拾起笑容，嘴裡嚷嚷著。

「讓我分享妳的快樂，好嗎？」

彤緯婉約口吻。小惠聳聳肩：

「也沒什麼？！其實也不好笑。」

小惠說著又笑了：

「真的！真不知該如何跟你說。」

瞧小惠許些。真不知其心想什麼？或許！多疑。真只是笑笑罷了。根本不是嘲笑彤緯？！嗯------！或許笑彤緯愚蠢的心，不著邊際。至海岸直跟隨對情侶遊走，男文質彬彬蔡松栓：

「妳看海；美麗藍外衣，內心潛藏多少希望！」

女孩柔依松栓胸襟，像貓瞳凝視主人雙眼。海風飄逸她烏黑長髮，綠色套裝和藍外衣。磊磊疊疊岩石，灰色徐徐鋪長沙灘，三兩泳者，海水如往事朝灘岸湧動，今天；除了海灘男女和小惠陪伴外有幀影子遲遲不肯離棄，事件老掉牙情事；江曉惠高中二年級時倩影在椰林聲中，又響起那修長腿，凹凸有緻身材，鳳眼龍鼻臉輪廓深顯，鼓號樂隊指揮，第一志願女校美麗女孩，不想給分手的，高職一年級日子；一隻小白鷺在草叢中詩現了蹤跡，心裡盾亦現了足印，淡色小紋青斑蝶飛奔這個沒有蜜、清水、果汁、樹液草叢與小白鷺共謀生計；天作之合？！小白鷺配淡色小紋青斑蝶。漸強音調，身穿制式服列車長：

「先生！先生！請把火車票拿出來。喔！」

刺激了沈溺回憶彤緯：

「抱歉！抱歉！」

摸索全身上上下下衣袋褲袋，才自胸前黃格子襯衫口袋掏出車票，列車長端了一眼；翹兩撇鬍子微笑。將火車票收回時，

張膽再探瞧鄰座小姐，清秀臉拂低烏黑長髮直落腰部掩頰，坐正後挾下顎搜思緒；和小惠去爬小山丘；小山丘的名字叫饅頭山；她搗抿：

「最愛山了。因為；山有壯碩體格，可柔情依偎。山高大身材，才顯我嬌小可愛。」

小惠探了眼，眼睛被俊俏男士牽住，中等身材？甚爾懷疑比小惠還矮，看小惠眼神被牽住模樣，差點感慨說了話，直那帥哥白荷和女友相會，小惠才好意思把眼神若有所思勾彤緯眼睛，把頭靠岸彤緯的胸懷，嬌小可愛。

「先生！您筆掉了。」

耳際傳來，醒得彤緯不知所措，循聲音源頭：

「哦！什麼事！」

「您筆掉了。」

鄰座小姐輕語。

「哦！謝謝！」

彎腰撿掉於鄰座小姐腳邊的筆。赤紅高跟鞋，修長腿迷膝粉紅窄裙，側視臉頰露羞怯表情。

「不客氣！」

小姐語氣中有水仙花的美的甜。穿制式服女服務員，向彤緯招呼：

「先生！買些零嘴；好嗎？」

用手擺動做不姿態：

「謝謝！」

鄰座小姐向穿制式女服務員點買：

「來包黃箭口香糖。」

取在手裡，拆開包裝：

「先生；要不要來一片？」

彤緯皺眉微笑向鄰座小姐斯禮：

「謝謝！」

要將分手情事，像口香糖置口中嚼給妳，讓妳看他在口中味道慢慢淡去，讓妳瞧自口吐出；丟棄垃圾桶裡。門都沒有！黯自猜疑。鄰座小姐取出一片塞給彤緯；不知自然嚼著，見鄰座小姐放窄裙上“荒漠中尋找玫瑰”的書：

「小姐；請問貴姓？」

鄰座小姐；笑了：

「貴姓就夠了嗎？！」

她許些不好意思，側身抬頭面對彤緯將腿側盤：

「我叫；林.思.惠。」

彤緯取筆在手心摹擬：

「林；是雙木林。思是思念的思。惠；哦---！大該是銘謝惠顧的惠吧？是不是這樣寫？」

思惠痴著：

「對！您好聰明哦！」

在內心喜悅、好奇、迷戀。彤緯正襟危坐微笑著：

「我叫；蔡.彤.緯；草祭蔡。彤；一個丹在右邊三撇。緯；經緯度的緯。」

正懷疑思惠是否聽懂，在這節骨眼思惠既脫口：

「好聽；這個名字。」

此時；對她笑了笑，後睜大眼睛對窗，想看清楚風景，想看清楚火車進站揚起風狂，想看清楚月台，想看清楚月台的

人，想看清楚火車進站站名。思惠纖細聲音，夾雜迫不及待緊張：

「我要到台中，您呢？！」

火車要進站；要進站了，車廂裡廣播：

「新竹站到了，要下車旅客，請準備下車。」

彤緯左顧右盼，火車進站了，眼睛朝車站月台望去，新竹；果真如廣播是新竹站，假如沒有記錯；台中就快到了。飄風，地名閃爍火車開動離去。思惠小心翼翼說著：

「您口袋裡的筆；能不能借我？！」

彤緯取黃格子襯衫口袋裡的筆，遞給思惠；她不意碰落，彤緯既刻彎腰；與江曉惠相識在搭往回板橋公車廂內，那時當口第一次月考，我正在啃機械工作法，被小惠碰落：

「對不起，我是故意的。我願意給你一百分。」

我笑了：

「沒關係，習慣就好。」

就這般，每次相見前悸動的；相見時用力抱緊對方；電流交感慰藉；分開各自回家或到學校時依依不捨；原想這一生不能沒有小惠。相見到第三次月考，情事給了個吻，沒有說；再見。大白鷺在田跑步衝刺，發出嘎---嘎---聲音，蒼鷺休息不動將長頸往後縮，大白鷺黃喙舉高朝天。三兩小孩在田裏；在泥沼捉泥鰍，溪岸有人垂釣，約莫五歲小女孩；沒有穿褲子；振盪前進的火車廂裡；思惠在袖珍記事本抄錄彤緯聯絡電話號碼，推小攤著制式服女服務員，向思惠詢問購買意願，她仰頭答腔：

「不了，謝謝！」

「我會給你電話的，真的；你等我電話。」

然後；將筆遞還。前座有對夫妻的嬰兒醒了，父親蔡宗翰皺眉抱手裡嬰兒臉露出咖啡色座椅、白色椅套的椅背，圓不丟溜大眼睛看個不停，對著思惠跟彤緯。彤緯看見眼前一位穿黑色內衣的兄弟，正在擦拭義大利製迷你銀色手槍，然後左手握緊準備開槍，射向神桌案上的祖宗牌位，一開槍祖宗牌位粉身碎骨，穿黑色內衣的兄弟，露出白牙笑著，笑聲漸大然後突然停止。火車要進站，廣播叮嚀進站站名，叮嚀下車旅客別忘了身旁東西及行李，倆收拾行囊，彤緯問：

「妳手上那書是講些什麼？哦！」

思惠許些尷尬，吱吱嗚嗚才說：

「這是本講男女相處的書。」

邊收拾行囊，邊聊天同時，火車已經靠站，腳落月台並肩走著，不知道該聊些什麼而沉默。在月台剪票員、鐵路警察、收票員、閒聊、踱步、獨自佇立、等待另一旅程到來、既將搭乘火車南下高雄的人。而候車廳滿是小坐休息、等待、思慮、佇立、挪步、打電話、趕緊購票入月台的旅人。在火車廂時坐思惠和彤緯前方夫婦，此刻抱緊嬰兒要從他們倆身邊經過，嬰兒父親宗翰伸手拍彤緯肩膀，用詼諧口吻：

「唉！真後悔結婚。」

嬰兒母親；他太太張小惠帶笑顏側看自己丈夫：

「少胡說八道。」

後擁笑容而無語走出圍欄，走出車站思惠說：

「我家就住附近，我先走了。」

彤緯暗想；何不邀我？為何不？！月下老人帶著笑容，左

手摸著長長白鬍鬚，伸出右手食指指前方思惠：

「這是你的未來，小心！」

思惠終將背影贈與時，彤緯：

「思……惠。」

思惠轉回頭對他微笑，隨即想再啟口，但語又含於喉；遲疑了會：

「我只是想；想跟妳……說；小惠！可以嗎？小惠；再見！」

自強號火車自台北發車經過板橋、鶯歌、桃園、中壢、新竹、苗栗、嘉義、台中……到高雄、屏東終點站；這時彤緯坐在二十四小時營業全年無休的便利商店；對著落地玻璃長窗看外面，看外面騎樓下的行人和道路上衝衝的車輛，腦海想著原以為可有所期待；小惠端莊典雅在風裏微笑，彤緯豎立在公車站牌，瞻望小惠見遠見渺身影。幾計程車司機招呼生意，行道樹在舊式英國維多利亞風格宏偉火車站招呼旅人。身穿西裝男士英俊瀟灑，身材魁梧向小惠搭訕，映入眼簾兩人似聊來甚歡，彤緯嘆口氣搭上公車，坐博愛座內心不時浮現小惠倩影。回神時；才發現衣袋裡的筆，竟非自己擁有的，這時他才露出譏諷自己表情：

「原來；原子筆是小惠向我搭訕的橋樑。」

公車上窗外看見一處飼養黑毛豬的養豬場，豬的叫聲不斷，響徹整個三民路，而豬糞臭味熏天。一位妙齡女子解開羅衫；全身皮膚白皙，一位體格壯碩男子全身無穿衣服，兩人站著互相親吻對方，男子慢慢吻著妙齡女子的胸部及雙峰，妙齡女子輕輕呻吟著；雙眼緊閉頭往後仰，一陣子後女子躺在床

上，白色的床妙齡女子兩腳張開，男子伸出舌頭舔著妙齡女子的下體，女子雙手張開緊抓著白色床上的被子；輕輕呻吟著，妙齡女子下體流出淫水，男子才把他的下體用力磨插妙齡女子的下體，兩人呻吟的非常享受；彤緯想起黃色影片段。

　　腦海浮現一景；日正當中有隻飛過；小白……鷺。腦裡響起新北市瑞芳九份永慶里崙頂路一號的福山宮；為福山宮書一首新詩夏遊九份福山宮：

　　太陽高懸天空　　彤緯揮汗如雨
　　乘 965 號公車　　一個半小時至九份老街下車
　　走山路往雙溪的方向　　約十分鐘
　　那是幾百多年來的宿命

　　溯清乾隆年間
　　九份及金瓜石草萊初闢
　　擇吉於嘉慶初年仲秋良辰　　供奉
　　土地公必須的陪伴
　　石刻造像　　奇殊的福德正神〈土地公〉
　　守護土地　　守護財富
　　北枕雞籠山　　南控燦光寮　　草山　　樹梅坪諸峰
　　九份及金瓜石倆聚落拱衛左右
　　茶壺山迎朝曦於東天
　　大屯群岳送夕照於西垠
　　位居基隆三金山輻輳
　　座北朝南背海面山
　　廟中廟二開間格局　　廟宇建築古色古香
　　自昭和十年起　　整修大殿增建兩側廂房

左右護神觀世音菩薩　註生娘娘

廟中央暨福德正神正前方有一許願池

許願池中央有石刻造大玄武背馱石刻小玄武

六塊石銅錢於玄武二旁

池中養有烏龜悠閒其中

供善男信女許願

願善男信女財富亨通

身體安康

延年益壽

如石銅錢錢堅石永住

如玄武　如烏龜

廟中廟四周林蔭茂密

四處皆可　遠眺美景　盡收眼底

彤緯擲筊

問情事何物

問黃金事何情

三次聖筊　福德正神願守護彤緯家園與財富

彤緯永保安康　一整年

後　會回來還願

謝謝福德正神　謝謝諸神　謝謝保佑

走下山路在九份老街乘 965 號公車

遲遲無肯離去

陰天後突然天灑下

淚滴

一切皆由心造

　　彤緯正洗澡哼唱著鄧麗君唱的何日君再來的歌曲……何日君再來……。靜下來想著發生在身旁的事情，洗澡仍然繼續；但停停洗洗自廁所窗口看出去，太陽渲染紅成橘色的天空沉默漸漸入地平線，夜即將來臨；牽拉布拉多導盲犬林美麗自八樓乘電梯下樓；出電梯門，坐警衛室警衛趕緊起身到林美麗面前：

　　「林小姐我幫妳叫車。」

　　美麗輕聲細語：

　　「謝謝！不用了；陳先生打過電話了。警衛先生今天天氣晴朗嗎？！」

　　警衛先生趕緊：

　　「對呀！晴朗。」

　　聽聲音有點陌生美麗靈敏耳朵一聽就知曉：

　　「噎！您是新來警衛；蔣先生方先生辭職了？請問尊姓大名？」

　　警衛先生穿著制式衣服趕忙回答：

　　「我叫陳儀，蔣家正今天請假，我是來代班；方旭先生今天晚班，待會就會來了，我看到了計程車司機在川堂大門外等妳；美麗。」

　　福木在大廈人行道隨輕風微微搖擺；常綠中喬木，橢圓形葉硬厚，樹幹挺直黑褐色。黃色計程車司機穿白色紅邊制式衣服進大廈川堂在美麗耳根：

　　「美麗上車哦！」

　　彤緯司機牽美麗的左手有點不自在；再將美麗手放肩膀司機步步小心導盲犬搖動尾巴跟隨；突然拉布拉多停下腳步，司機先生憨厚面容：

　　「小心有門檻！」

　　走過福木車道黃色計程車停靠，司機開右後車門美麗小心翼翼坐好，導盲犬坐旁邊美麗親切細心：

　　「蔡彤緯先生往臺北帝國大廈，十八點三十分能到嗎？」

　　彤緯洗完澡穿上背心和外短褲，經過客廳回臥房想著。彤緯前座坐好雙手緊握駕駛方向盤小心回應：

　　「是的，往臺北帝國大廈，沒問題。」

　　經過幾條道頭路尾，原產印度桑科常綠大喬木橡膠樹；葉大厚有光澤，枝幹長有鬍鬚狀細根再空氣中生長；幫忙橡膠樹呼吸空氣；植物學稱（氣根）。在橡膠樹前停車；彤緯從車外開右後車門；讓美麗下車：

　　「美麗我帶妳過去。」

　　美麗愉悅不慌張：

　　「不用了，小黃知道；等我半小時。」

　　見小黃自然輕鬆帶美麗緩緩走入正門彤緯才放下心。來來往往喧囂的車輛、攤販、行人、……，內心深處備感快慰，在不景氣的大環境裡有這麼份穩定客源自己了然不容易的事；臉色泛起微笑雙手放進制式衣服口袋：比在重要路口排班計程車

都要幸運幸福，大兒子上八年級小女兒六年級；寒暑假孩子們除快樂在家補習亦打工；學習獨立賺取學雜費幫忙分擔家庭經濟；乖巧無需太煩惱兒女們；每每想到這裡滿足就流露臉上，當然妻子忙進忙出忙工作家事令十分感激；現代玫瑰花真不簡單。不一會兒美麗走過印度橡膠樹，彤緯打開右後車門；小黃和美麗坐好：

「我們回去了。」

彤緯坐好緊握駕駛盤方向：

「今天就到這。原本以為今晚會很忙，沒想到只有一個點。哇！這座大廈，不是辦公大樓？對了；到現在不瞭解美麗為何指定坐我的車？」

「是呀！那是您公司推薦！而且從開始到現在您表現都很好；善良駕駛也很穩當」：美麗輕聲毫無緊張回話。

繞過幾條路，兩人聊來甚歡；愉快心情表露無遺；彤緯說：

「到家了。」

彤緯按電風扇按鈕，吹乾吹涼身體打開窗戶，看見彤緯自前座下車到車外後座將右車門打開，美麗下車小黃帶路亦忙著找路：

「蔡先生再見！」

彤緯對今晚成績自認對不起家人；想，才四百多元新台幣；再去繞繞反正還早；不到二十三點鐘再看看還能載些客人。美麗走進川堂方旭警衛熱心幫忙：

「美麗回來啦！我幫妳按電梯按鈕；陳先生來找妳。」

美麗懷疑表情：

「方警衛；謝謝！陳長文先生黃昏時候在我下樓前才離

開？！耶！怎麼回事？！」

　　電梯門開了；美麗和小黃乘電梯上八樓到家裡；林媽媽微笑出乎意料迎接：「美麗回來了；今天怎麼這麼早！陳先生在客廳候很久。」

　　陳長文轉頭看著美麗走進來：

　　「叫我長文就好；只是想看；有點耽心，很忙哦！美麗；可以這樣稱呼妳，好嗎？這手機送美麗。」

　　林媽媽面有難色：

　　「妳爸爸剛才跟長文聊了一陣子；禮正對不對？美麗看不見；不能用手機？」

　　長文心急樣子：

　　「這手機開蓋就可以收到對方來話；收蓋就關機，好了；我該回家。」

　　長文自沙發起身：

　　「美麗、美碧、銘德、林媽媽、林爸爸再見！再見！」

　　禮正很誠懇：

　　「謝謝你；長文，有空常來坐坐聊聊天；看看我們家美麗。」

　　長文展開心喜笑容思索著，搭乘電梯下樓走川堂，方旭向長文打招呼；他沒有回頭也沒有聽到，低頭走過。彤緯按鈕打開手機按鄧麗君的歌曲何日君再來聽著，長文：

　　「美麗真是位賢淑有智慧的好玫瑰，每每看到她就有股衝動，想要跟她聊聊內心感受，尤其對她的愛慕之意。在家睡覺總是輾轉難眠；滿腦都是美麗的倩影，她的笑顏和姿態緊緊吸引著我，獨立自主無須操心，在公司開會、辦公稍稍不慎就會想起，走訪各協力廠瞧見玫瑰的背影還以為是……美麗；差點

向前打招呼。」

臺灣全島常見桑科常綠大喬木榕樹枝幹長細氣根，終年常綠葉厚表面光滑；老樹姿態開闊粗壯，根盤很美。長文斯文說：

「回家；英九，開車。」

「是的；總經理。」：英九很認真的說。

長文坐上黑色賓士轎車后座，英九走到前座坐好抓住方向盤，一路與長文總經理聊：

「總經理，你適婚年齡似乎也離去，何時請喝喜酒？董事長似乎不急？！」

長文聽得默不作聲，嘆口氣；想著美麗，那清秀臉龐修長身材；細膩講話聲音；小心翼翼動作；直讓人魂牽夢想。

隔日；星期六美麗牽小黃一早就乘彤緯計程車出去工作。彤緯在廚房煮著泡麵放入一粒蛋跟麵一起煮蛋沒有打破在鍋裡，哼唱著何日君再來，煮好端至餐桌上，把蛋自麵鍋中取出，吃著泡麵吃著蛋一口口天氣很悶熱吹著電風扇。沒想到長文十點鐘就到美麗家與美麗媽媽、爸爸談論美麗自幼到現在所經歷他們看見的故事，明是來找兩老聊天，暗是想知道美麗失明種種事情故事：

「她自幼功課成績非常好；向來小學都名列全班前三強內；國中是全校同年級前十強內，雖說偶爾有些散漫，操行成績卻也令人刮目相看；醫師說是用眼過多、視網膜剝落和過敏；完全看不見已經十二年，美麗並未如此被擊敗而放棄，反更積極面對生命；美麗努力學習適應環境。」

美麗乘彤緯計程車跑了四、五個點；兩者努力以赴賺到快樂亦賺到生活費，也因為有活動身體賺到健康。中午快到了；

美麗請彤緯在可能範圍內十二點鐘回到家，沒多想竟然辦到；美麗不敢相信：

「十二點中剛好到家耶，對不對！彤緯先生您好厲害，怎麼開車的？！」

彤緯微微笑聳聳肩雙手一攤，覺得也沒什麼。美麗接著又說：

「彤緯到家裡坐坐；吃飯休息一下；順便再談談工作事情；客戶越來越多該怎麼辦？！家裡佈置的工作室好像浪費，現在服務對象都是社會上有權力地位；很敢花錢的人物；而且讓美麗服務大多數是女性。」

計程車停靠麵包樹旁，麵包樹皮灰褐色；葉子從幼到長大有相當變化；幼年期像羽片撕裂；開花結果約十年後多數葉子完整卵形長達四、五十公分；有光澤葉脈明顯；桑科常綠大喬木原產馬來西亞；熱帶雨林為避免傾倒；高大樹基部像板狀好抓穩地面；還可以擋水並增加樹呼吸面積；果實表面佈滿凸起顆粒狀；燒烤後散發出麵包香；食味道像絲瓜。兩人和小黃搖動尾巴往美麗家走，美麗左手搭著彤緯肩膀，右手牽繫拉布拉多導盲犬小黃。

美麗媽媽滿臉笑容；對美麗未來充滿期待與信心；樂觀看待這一切。在餐廳忙碌擺碗筷、菜餚聽見鋼門鎖孔發出聲音；美麗媽媽快慰：

「禮正有人在開門。」

獨子小兒子銘德；從沙發起身走近鋼門打開鋼大門：

「大姊；美麗妳回來了，蔡先生您好！陳長文先生正在跟爸爸聊天，聊很多大姊的事，反正聊很多。」

美麗媽媽招手招呼著：

「吃飯囉！大伙圍過來；坐好！開動，長文、彤緯不要客氣，孩子們要吃飽。」

長文雙目溫柔直瞧美麗；還不忘夾菜給美麗放飯碗裡，這般情形看在美麗全家人眼睛裡；大伙心喜。彤緯竊笑：

「美麗；現在誰幫美麗夾菜餚？！小心吃飯菜，有人戀愛囉！」

美麗頭擺更低了：

「陳先生；今天是要美麗為你服務才對？」

美麗在廚房洗碗筷，長文向前牽起美麗的手：

「美麗跟著我，長文會溫柔、體貼、讓美麗快樂不用煩惱，美麗只要認定老公是長文就好，美麗是長文的，長文是美麗的幸福快樂就好。」

「長文回家了，親愛美麗、林爸、林媽、美碧、銘德再見了！」

長文乘電梯至地下一樓：

「英九；我們上車，回家。」

路上的行人、車子、風景有時優美有時亂成一團。彤緯穿上短袖襯衫和布鞋打開家門乘電梯往一樓走去，去逛街散步看風景。車子行經整排木棉；長文眼睛睜大，國曆二月份今日早春；落葉喬木臺灣一六四五年引入；枝、幹具瘤刺深褐色；花大比葉先開；枯枝上綻放滿樹火紅；新芽才萌芽；掌狀複葉小葉有五至七片；枝條排碩大橙紅花朵；常形成美麗國曆三月街景；花朵齊開齊落：深信不疑對美麗；不是木棉季節性花開。

回到地下室停車場乘電梯上六樓進入家裡；剛好家人全

在；長文喜悅情緒表現不出來；不自然緊張卻表露無遺：「爸媽我想要結婚；對方是位好玫瑰姓林名美麗；清秀大方沒有不良習慣亦沒有大小姐脾氣；從事服務業為人親切，美麗家共有五口人；是家裡長女還有一位妹妹一位弟弟父母親全在；會是位賢妻良母；有幫夫運旺夫命。」

彤緯逛進了百樂園百貨公司，翻看著背包聽著專櫃小姐的介紹，彤緯亦試戴看看，看來看去就是價錢太貴買不下去，逛來逛去逛進了圖書專櫃，讀呀讀呀買了一本新詩詩刊。

妹妹美雯高興跳了起來：

「哥；未曾見你跟哪位玫瑰有交往？！從未聽你提起？！不知嫂嫂長得如何；那兒吸引你？！讓我們這位堂堂總經理動了凡心。媽；您瞧哥一副不自在極度緊張的樣子。」

陳媽媽微笑在臉上甜於心裡：

「看你都三十三歲的人了；人家玫瑰要嗎？！」

長文的爸爸陳鐵大笑：

「對方幾歲？改天去拜訪，聯絡對方；去。」

長文馬上按手機號碼；沒有回應，連續再按了幾回手機；沒有開機：

「阿呀！忘記美麗她們家……，阿！是沒有想到要美麗家電話號碼。明天就去連繫！」

臺灣蝴蝶蘭在客廳茶几花盆上長著紫紅色花開。

星期一；告知父母親連繫狀況，大伙都很滿意；陳董事長鐵先生掛著笑顏拍拍長文肩膀：

「不要再魂不附體，早就注意到，是長文的就是長文的，逃都逃不掉。」

公司玫瑰直望；走遠處的背後在望穿秋水不隨意放過；在看看長文總經理有沒有注意到；但怕被陳鐵董事長瞧見；所以都"小心依依"。

自告知父母親隔週日；下午一點半鐘；陳家全體出動到林家拜訪；剛好坐一輛車。經過開花木棉似火焰長文本來欣喜若狂看見更加燃燒快樂滿懷：

「玫瑰的力量直叫人神往；而神聖不可侵犯；又驚又喜不隨意可得；信心十足對美麗情感是堅定的。」

長文指著轎車：

「小馬；在這待會。」

黑色賓士轎車停靠福木旁，長文擺出總經理架勢；走了幾步入大廈川堂，見著蔣先生點了頭，帶全家乘電梯；陳鐵也向警衛蔣家正先生點頭；按上八樓按鈕，進一步美麗家鋼門：

「林先生您好；今天冒昧來拜訪請多見諒；讓陳鐵為您介紹；這位是賤內董俊珍、小女美雯、小犬獨子長文您認識；我家長子就叫他長文。」

長文使命牽住美麗手站穩在兩家長對面沙發背後，兩家長相談甚歡，看在陳鐵眼睛裡十分不快；也不因此放在嘴巴嚷嚷，母親董俊珍直使眼色一邊又跟張娟；林媽媽聊聊天樂樂鬧鬧笑成一團；兩家無所不談就是盡量不觸及長文和美麗倆人交往婚姻敏感話題；兩、三小時後陳鐵么喝一聲：

「林禮正先生謝謝您的招待；回家囉！俊珍、孩子們；再見！再見！」

長文在回家行程直不悅沉默：心長著血桐一棵接著一棵大戟科常綠喬木；陽性植物盾狀心臟行大葉子，葉脈鮮明黃色葉

背有灰白短毛；春季花期葉間伸出大串黃綠色花序，經幹髓部會分泌紅色液體因此叫血桐。回家裡六樓轉身進自己的臥房。

　　逛著百樂園百貨公司，逛到地下一樓，拍賣著布鞋和襪子，彤緯看見襪子大拍賣猛買半打，進口襪子半打五百元新台幣打死，彤緯樂歡像上陽明山看櫻花。

　　上班日子；長文緊迫常提：

　　「爸；找個日子我們去合八字；看結婚的黃道吉日。現代西方醫學科技很發達可治好美麗的眼睛；中國醫學也可以；您沒聽說？！對了報紙不是亦有報導。」

　　陳鐵有些許生氣擺著臭臉：

　　「叫董事長；這裡是公司上班辦公的地方。美碧；美麗妹妹那裡比不上；大大眼睛睫毛長長；天庭飽滿彎彎柳葉眉；身高修長聲音像董事長夫人；那點不好？！那點配不上你？！不是很好。」

　　彤緯和美麗、小黃星期一至星期五黃昏起就是要趕場；而星期六從早上到黃昏都很忙碌；美麗服務自己所學；與客戶聊聊天忙碌快樂。彤緯配合著亦因此有穩定收入；解除生活負擔自己內心感覺滿足與充實、輕鬆賺取金錢有目標。星期天美麗要為自己忙碌；忙亂自己未來，終身大事下半輩子的生活；相親。美麗不僅會書寫中文；講英語亦沒問題；還會摸讀中文點字；因為美麗快滿十六歲時才看不見；今年剛剛足二十八歲；讀高中一、二年級，後來轉讀啟明學校讀得蠻辛苦；步步障礙步步為營；當然目前視障書寫以成奢求，好不容易走出一片天；十分珍惜現在的一切。來相親大都亦是視障朋友，最基本他們要相處的來；要有非視障相關興趣和話題。林禮正、張娟

夫婦倆依舊期待美麗能讓倆老抱孫子。記得長文曾經在美麗幫其按摩時；讓美麗摸臉：

『這輩子只要認得我------陳長文；既可別無他選。』

那般"別無他選"口氣；好像強力保護；讓感覺溫暖和有被需要的力量。

長文亦在相親；自從美麗事件；陳鐵才意識到獨子即長子適婚年齡已經悄悄溜走，長文剛剛出生忙著成就自己為生命生活的藉口；努力以赴未來是終身目標？！現在星期日假日除外都要準時下班準時相親；安排任何場所都得去。有時準時回家是看堆照片；推敲研究這朵玫瑰是如何生活如何美麗自己；玫瑰花自己價值在那。公司裡哪位玫瑰勤奮、節儉、……意見交流看法交換是否印象深刻該把握機會，追求方向趁早決定等等，其中姓名林美麗大有人在；美麗也排山倒海堆積如山；而每每如此；長文腦海盤旋對美麗：承諾、愛護、愛慕。

相思樹一棵一棵慢慢生長在美麗與長文倆心上；美麗、長文無暇生活中卻經常想起對方樣子、態度、對自己的好。含羞草科常綠喬木；早期臺灣重要薪炭材，葉柄膨大成假葉狹長光滑，略彎曲有清楚五條縱脈；莢果深褐色平滑表面約手指長；金黃色球形小花現五、六月間正盛開。

長文在臥房直到午夜躺床上睡不著，思索了一下按耐不住自己的衝動與希望或許第六感在做祟；用手機按下號碼；意外突然聽見手機那方有聲音；長文情緒激動急忙：

「美麗！美麗！現在好嗎？有沒有想念我？之前是不用手機的，我想碰碰運氣！……；美麗等待一下，我過去找你！現在！」

　　兩人同時成了淚人兒。長文輕步走過客廳小心開門;離去家搭乘計程車;去到美麗家門口;用用手機告知。美麗步步認真毫不因為眼盲看不見而衝忙走出聲音,帶長文至工作室;美麗仔細摸長文的臉;後倆人擁抱緊緊淚水緩緩流下;都向對方訴說最近種種、相親的事;還有聊不完話題對對方的思心一遍又一遍一次又一次說個沒完沒了。倆人相偕去中部旅遊散心,身上都有些零用錢,美麗自臥房帶存摺、印章、金融卡,長文則有金融卡白金信用卡,沒帶拉布拉多犬小黃悄悄走出工作室、客廳、鋼門、乘電梯、走過川堂躲避蔣家正警衛;長文滿心歡喜充沛力量瞧見美麗開始想法創意特別多:

　　「招計程車至臺北火車站;我們去合歡山搭火車往台中豐原;換豐原客運往花蓮到大禹嶺下車;徒步走台十四線甲省道;便可。要爭取什麼再說好不好;運動一下呼吸新鮮空氣和芬多精、森淋浴住合歡山莊;隔天再往花蓮鯉魚潭遊憩住宿合家歡後回臺北。合歡山位於南投、花蓮交界山峰均三千公尺以上;是大甲溪、立霧溪、濁水溪分水嶺。」

　　長文信心十足:

　　「放心我會細心像針線穿針引線照顧妳會當妳眼睛告訴風景如何美麗如何跟妳一樣美麗」且牽著手絕不輕忽美麗在計程車裡低頭憂鬱:

　　「十六歲那年失明;就不知風景、環境是如何秀麗明朗;只知道處處要小心;一片黑暗、寂寞、一定要再站起來;想盡辦法適應;瞭解現實。」

　　禮正急忙按電話找美麗;就是毫無消息:

　　「陳董事長;美麗沒有在您哪裡?!所有知道的地方都尋

訪過、該打電話也按遍；就是沒音訊。」

陳鐵連忙回答：

「我家長文也不見，他們會不會相約出去。沒有勒贖電話？！但是煩惱、害怕、放心不下；還是無法擺脫恐懼。想一想假如他們倆在一起，我看讓他們在一起；算了；別在阻擾了。」

長文送美麗回八樓的家，才進門禮正便在玄關站著，有些生氣忍下來控制住：「你們回來啦！玩的開不開心？長文你父親已經答應這門親事；要好好照顧我家美麗；好嗎？天色已晚該回家；有什麼事明天再說。」

長文延續散心愉悅心情更是高興：

「美麗我們做對了；原本想再爭取再煩擾他們！沒想到回到美麗家；竟意外聽見好消息！好我回家；明天就上電腦下載資料、填寫表格、帶戶口名簿、身份證、印章來找美麗；美麗也準備好；我們倆一起去戶政事務所，小黃也嫁過來。」

蘇木科落葉或半落葉性大喬木，一八九七年自南洋群島引進，葉細小如羽片，花期一般在六、七月全株紅花綠葉熱鬧非凡，開花時枝葉茂密形成傘蓋樹冠，莢果如大彎刀暗褐色堅硬，樹幹灰褐色有板根；鳳凰木。

陳鐵很無奈：

「找日子宴請親朋好友，席開百桌。俊珍；打電話告知親家；讓親家公有心理準備；忙碌一下。」

長文在臥房無意中聽到這消息興奮萬分也很感動；緊握美麗雙手：

「有沒有聽到；我倆的好事近了；會花開富貴，黃葉落盡生出嫩芽。我亦正在打聽治療眼睛的事，聞訊有名醫可治好美

麗的病，我會再注意謹慎我倆的事，美麗的事就是我的事；放
心。美麗妳現階段把家裡環境熟悉清楚；當然眼睛治好是最佳
不過的玫瑰；玫瑰給自己壓力不要太大；也不要想得太多；玫
瑰放鬆自己誰盼望常進出醫療院所；玫瑰誰希望生病！當然要
妝扮得美麗；一朵美麗美美的紅玫瑰花。」

　　菩提樹在醫院的走廊；長文看見了；長文父母親亦看待眼
裡。桑科落葉大喬木，心型葉片有長柄拖長長尾尖，葉面光滑
葉脈明顯；樹幹粗狀枝葉茂盛；樹姿壯觀生長快速容易繁殖；
冬季果實成熟變黃紅色。因釋迦牟尼在樹下悟道而成名。

　　彤緯離開百樂園百貨公司；買了新詩詩刊和半打進口襪
子花費將近一千元新台幣，好不樂快的。往捷運站走的彤緯在
十字路口；眼看一條小黃狗被輛黑色賓士轎車輾斃；柏油道路
滿是狗血；交通警察緊急來指揮交通並清洗路面。彤緯走在路
上，看見路邊有相命攤，便坐下在相命小姐面前，告知彤緯和
他太太的名字、八字，相命小姐就用筆和翻著相命簿算著：

　　「你太太勞碌命一輩子為家辛苦，彤緯你一輩子悠閒過日
子，你們這一對老天配好好的，你沒錢你太太就會賺一筆，夫
妻倆一輩子不用為金錢煩惱，但也用得剛剛好，節儉還是必要
的，不要因為錢進錢出都剛剛好就亂花費，……。」

　　「美麗的命如何？！」：彤緯緩緩說著。

　　相命小姐看著彤緯：

　　「她的八字。」

　　彤緯無奈的說：

　　「不知道耶，可不可以算鳥卦？！」

　　相命小姐看著彤緯：

「可以啊。算算看？！」「請書個字。」

相命小姐看著彤緯，看著書寫字：

「美麗是不是有眼疾，眼疾不會好。富貴命前世姻緣，老公結婚後不安於室，美麗會為夫家生二男一女，只要美麗不要太計較一輩子幸福美滿。就這樣，沒別的。跟你算那麼多，總共五千六百元新台幣。還要不要算，彤緯先生你要算我還不要再幫你算，你口袋的錢已經空了，不妨你自己口袋看看。」

彤緯笑笑說：

「真的，口袋空空，一毛不剩。」

相命小姐看著彤緯：

「十五塊新台幣給你坐公車，或走路回去，你家離著裡不遠，走路好了；運動一下。十五塊新台幣拿去喝涼的。」

「相命小姐妳怎麼知道我住的離這裡不遠。好厲害！」

彤緯哼唱著鄧麗君的明月幾時有的歌曲古詩詞，走路回家。

一進家門便看見美麗坐在客廳看著電視，彤緯穿拖鞋：

「美麗要不要吃宵夜，爸去煮水餃，爸的肚子很餓，妳呢？」

蔡美麗看著電視新聞台，正報導台灣總統大選的事：

「好啊，我要吃，吃元寶，吃下肚子以後長大賺大錢，長大後奉養爸爸。」

電視前茶几上花瓶的香水百合枯萎了。

情定自助洗衣坊

　　暑氣逼人的夏天，好不容易下午下起大雨，聽氣象報告今天颱風要來，已經發佈海上颱風警報，正讀著玫瑰一新詩詩集作者蔡彤緯附著贈玫瑰〈小名：小倩〉小姐的其中一篇題目學生戀愛術散文詩：

　　一、用個互相交流課業，努力功課所以必須和玫瑰交往；從來無置疑，因為玫瑰聰慧大方，無曉得閉嘴；談四方的往來的日子，多聞課業又好；那是當然追求的目標。

　　二、在課堂上，舉手發言總是彤緯，因為彤緯力求表現；表演給玫瑰看，雖然含苞更是要讓玫瑰印象深刻，引領玫瑰注意。

　　三、無聊的課程正在進行著，進行著眼皮下垂的戲碼，玫瑰在旁座的位置，

　　直笑直笑無聊的課程無聊的讓彤緯無想用腦筋想記住課業表達的方向重點，玫瑰注意到彤緯，竊笑無休止；彤緯因此甦醒，看看玫瑰腦海重點全是玫瑰。

　　四、坐在圖書館背書練習研究考題，對面坐著玫瑰；笑聲似被風吹起漣漪；一摺摺笑著，彤緯忍受無住的問：「玫瑰在讀生物學，怎麼有如此笑聲？！」玫瑰說：「我在看漫畫多啦A夢。」彤緯帶笑臉：「無可能啊？！妳桌上擺著是生物學！」

玫瑰：「對面；我的對面多啦Ａ夢漫畫。」彤緯摸著頭想著；一朵玫瑰，還是雛菊……。

　　五、走在電影街；穿著制式校服，穿越人群，看著對街位玫瑰，要穿越過馬路紅綠燈；趕忙假裝無知的碰撞玫瑰肩膀，玫瑰：「好疼喔！喂；你無眼看路與人嗎？！」彤緯眼睛灼了玫瑰

　　六、當康樂股長；班上玫瑰期待與彤緯同台表演是躍躍欲試；隔壁班的玫瑰總是嘴裡橫咬隻帶刺玫瑰

　　七、彤緯每至音樂課唱野玫瑰這首歌曲；同學都直誇讚

　　八、彤緯當服務股長指揮同學打掃，玫瑰帶著無快諧的笑意直視或努力打掃

　　看著詩集又一面看著電視氣象預報若照颱風走向；黃昏強烈颱風將自花蓮登陸臺灣，往台中市方向前進，然後慢慢消失。方彤緯撐傘左手拿環保袋裝裝要洗的衣物，走入自強公園對面的自助洗衣坊的自強直營店，按照洗衣機所列步驟完成，投下硬幣一步步來洗衣，既便宜又快又好，方彤緯站在洗衣坊門口一會，一位年輕貌美的玫瑰也冒雨前來洗衣服，她大叫：

　　「這怎麼洗呀？！看不懂上面標示的步驟！」

　　方彤緯帶著微笑幫助她教導如何按步驟；使用洗衣機，請問：

　　「尊姓大名，是否住在附近？我叫江玫瑰，叫我玫瑰就好，謝謝你的幫助！」

　　方彤緯帶笑顏輕輕：

　　「我住屋在附近，我叫方彤緯；叫我彤緯就好。」

　　一對像鴿子後頸有黑色斑點的斑鳩在洗衣坊騎樓徘徊，一

隻臺灣紋白蝶飛棲在洗衣坊騎樓花盆的花瓣上。強烈颱風雖然還沒有登陸，雨量卻很可觀；臺北掃到颱風尾雨量亦不少，雨直下的沒完沒了，兩人撿到一天颱風假。洗淨衣物再放入高溫的烘乾機，方彤緯設定三十分鐘，玫瑰趕緊請教方彤緯烘乾機如何使用：

「喔……！原來如此，這樣使用。」

雨下的很大，臺灣紋白蝶翩翩飛舞不怕風雨離開洗衣坊騎樓，不知往何處去，或許他心裡早想好目標，翩翩飛舞。方彤緯的衣物已經烘乾，衣物放進環保袋：

「玫瑰；對不起！我要回家了。」

方彤緯對玫瑰眨了一眼撐起傘自騎樓，離開了洗衣坊，玫瑰還在奮戰當中。黃昏時颱風如氣象預報登陸，電視報導花蓮籠罩在颱風眼裡穿過中央山脈，經過臺中市，颱風離開後大雨依舊一直下，臺中市很多低窪地區，積水很深消防隊和國軍出動救援。電視新聞記者一再報導，叫人無法想像。兩、三天後晴天玫瑰帶領林思惠到自助洗衣坊，但令人失望，同樣時間同樣地點；卻沒有看見想要找尋的人方彤緯，兩人邊洗衣物邊吱吱喳喳討論著，那天的偶遇正在議論時蔡彤緯走進洗衣坊，蔡彤緯見得思惠趕忙向前自我介紹，藍磯鶇普遍冬候鳥或過境鳥每年九月來臺灣至次年五月離開，多單獨出現平地和中海拔空曠地帶。玫瑰裝做沒聽到，而林思惠趕緊轉身：

「先生你好，你是來洗衣物的嗎？！」

蔡彤緯盯著思惠：

「請問芳名？」

思惠臉帶微笑：

「對不起！她叫江玫瑰：就叫她玫瑰，我叫林思惠；叫我思惠既可。」

彤緯直視思惠，思惠和彤緯聊來甚歡，愉悅心情在心裡盤旋著，但玫瑰站穩不發一語，思惠內心也十分不自在，信心慢慢耗損中，對玫瑰的態度很不滿意，思惠用手肘碰了玫瑰兩下，玫瑰還是不做聲，當玫瑰和思惠衣物洗完烘乾要離開時：

「玫瑰這是我的名片，有空打電話給我！」

思惠趕忙收下，愉快心情又有點無奈：

「玫瑰、思惠再見了！再見！」

思惠嘰嘰喳喳一路的唸著玫瑰：

「你就那麼賭定，方彤緯那麼好，不會讓妳失望，就怎麼好，令人心怡！」

又過了三、四天思惠打電話給蔡彤緯：

「我們要去洗衣坊，我、玫瑰和約了林美麗，我們家美麗，，你要不要來？等你噢！彤緯」

蔡彤緯：

「好！我一定到，待會見！不見不散。」

蔡彤緯和陳鐵來到洗衣坊眼見玫瑰和方彤緯正在聊天表情十足愉快：

「思惠，這位就是妳妹妹美麗，我旁邊這位是陳鐵；陳先生，就叫他鋼鐵人。」

思惠毫不猶豫：

「是的；她是我妹妹美麗。鋼鐵人好！」

大伙一談開來便快活起來，人與人的距離就此拉近，奇怪現在與玫瑰聊天的男子怎麼越看越面熟：

「思惠；現在跟玫瑰談天說地的人是誰呀？！」

思惠心裡有點不踏實：

「方彤緯；方先生。」

蔡彤緯、鋼鐵人大喊叫：「方彤緯；彤緯，我小學同學啊！方彤緯。耶！你有改過名字，如果我沒有記錯，以前國小叫方程旭，對吧？」

這時方彤緯才回過頭：

「鋼鐵人、彤緯好久不見了，你們打哪高就啊？！」

蔡彤緯站到方彤緯的旁邊來。鋼鐵人笑容可掬：

「找個時間大伙開同學會；如何？」

方彤緯緊緊握鋼鐵人的右手：

「好；我贊成。」

一群鴿子自藍天飛揚往洗衣坊上空飛過，竹紅挵蝶輕易飛在自強公園又慢慢飛舞洗衣坊的大門口。

思惠翻讀著新詩集玫瑰作者蔡彤緯附著贈玫瑰〈暱名：小倩〉小姐一篇攤開報紙談玫瑰一散文詩：

1、攤開玫瑰就數盡玫瑰情事；那報導文學厲害的知知片片的語氣；撩人思考著相信的餘燼

思惠想著理解這篇散文詩的狹義意象；攤開報紙看見愛情事件；報導文學寫得仔仔細細他的魔力教人相信；也讓人想要去思考這人這家這社會這國家的種種。因該是這個意象吧？！歎！理解的應該沒有錯，再繼續看下去：

2、玫瑰的容顏；在黑螞蟻爬上；飄落在信箱；待信箱主人將玫瑰取走；與聊影劇的種種；在茶餘飯後的語言裡。

3、彤緯最愛那娛樂的玫瑰。一隻隻數說愛恨情仇的風景

都在一瞥間；讓人腦海浮現瑕思，想著想著玫瑰自然成澱；在深深的嘴巴，沉沉的思想裡；就像海鷗疾入海裡取一粒魚；滿足肚子。

4、社會裡有彤緯浪流的印跡，被人看見或許成為廣告或許公眾只想知道流浪的原因；該如何購買本本玫瑰的啟端；讓彤緯繼續走天涯海角留下足印。

5、大家都愛抓來抓去的黑螞蟻，在故事情節癢著情緒，無真實爭吵無真實的恨；只有最終瞭解玫瑰的情事；最終瞭解主人一滴滴雨水般滋潤大地，空氣裡的悶後變自然流暢在都市大廈叢林裡留下微微笑容。

6、新詩彤緯最重視，一定要抓的隻隻會飛；在葉子停留的蝴蝶；在大家眼裡極難理解的事；都在其中；新詩易知故事的開始；難知結束的表情；表演些什麼這場舞台劇留下笑言問號。

7、小說最愛玫瑰；小說小說小說

8、精神思想的表達，易容的臉；小丑翻筋斗；最愛讀的動作，坐臥在床舖想著想著彤緯變睏睡著了。

9、無人知曉要告訴彤緯看見蟲；在大廈裡讀見，全是真實；然而彤緯會將抓在地上的一腳踩死；在半空飛的趕他離開；彤緯的私密空間。視其惡毒的邪惡中人。

10、寫得快樂就要繼續寫，讓大眾看見玫瑰才華揚漂的樣子，玫瑰的太陽自東方漫漫昇啟；熱情讓孤讀的人，暫時看見彤緯的笑容，

聊著快樂；在夜晚看見月亮；看見惜光的月亮。

11、應用文就那麼單簡會用格式會表白意思就好；懂事就

好。

12、啟承轉合結束了一篇新詩；但看見太陽打西邊出來。

13、彤緯玫瑰怎麼說就怎麼說；玫瑰怎麼寫就怎麼，然還是要表達腦海的萬一。

14、拿著衣架掛上新詩，吊在竿子上將他曬乾，再來穿知道了昨天今天明天

15、玫瑰是何事？彤緯全也無知道，只懂看黑螞蟻抓莖抓葉在玫瑰搔癢；等待開花。

16、像今天的陽光，像今天的樹，像今天的玫瑰，像今天的報紙，

寫著娛樂版的玫瑰。

17、何時才能看到玫瑰；玫瑰四季皆可得，每天皆然，只有彤緯無注意的時候一字一句一段一說。

18、人生百態大家都想知道，尤其玫瑰是否有蟲有黑螞蟻；最好無曉得。

兩天後，思惠約蔡彤緯在洗衣坊見面，一起去臺灣中部遊憩散散心並再深入瞭解雙方情感，蔡彤緯開著租用的轎車和數位相機，兩人盡情玩樂，至臺北到新竹再到台中市買太陽餅，快樂的拍攝照相，蔡彤緯發自內心：

「思惠妳不覺我們倆有夫妻臉，長得有些神似又似曾相識，鋼鐵人、方彤緯都這麼說，連我自己也如此感覺，妳說呢？」

思惠沒做聲只是笑得更加快樂，過了一會：

「多買幾盒太陽餅，也要多拍攝幾張照，讓我母親高興一下。」

彤緯笑著說：

「只有讓妳母親高興一下，應該是永遠吧！」

波紋小灰蝶快速的在蔡彤緯、思惠面前飛過，琉璃蛺蝶匆匆飛過倆人視線，絲毫沒有交集；倆人並沒有意識到，只覺新奇快樂，後便開轎車回臺北，一路歡愉不斷，下午七點四十五分右回到思惠家

門口，兩者還依依不捨說了再見，蔡彤緯才開轎車要離去：

「明天洗衣坊見，好嗎？」

思惠笑瞇瞇，毫不猶豫轉身進租屋處。

隔日，彤緯帶沒幾件衣物，兩人如所約定在洗衣坊見面，歡笑在兩人之間沒有停止過，在場方彤緯亦跟隨笑，最近洗衣坊多了陌生人，陌生人聽得亦笑逐顏開，看待彤緯的樣子十分有趣，美麗走進洗衣坊看見方彤緯；臉龐笑了起來，跟方彤緯聊了起來，蔡彤緯、思惠幫腔讓他們了有愉悅的對話，一隻陌生蝴蝶在花盆停歇，查遍資料就是沒這蝴蝶，彤緯回到家對蝴蝶漸漸印象淡薄了，或許是這樣所以才查不出來，腦海裡充滿了笑聲和思惠的倩影，當然查不出陌生蝴蝶的資料，上網查詢亦是。

星期六；大伙在洗衣坊碰面，一邊聊聊天並互相幫忙洗衣物烘乾衣物，有人提出星期天去北海岸走走，彤緯願意去借車，讓大伙快樂快樂，集合地點就是現在的自強直營自助洗衣坊，大伙樂得鼓掌叫好，洗衣物烘乾，一位一對的離開自助洗衣坊，美麗急忙的問：「彤緯；你要去哪兒借車？」

彤緯：

「我家老頭子有輛賓士，我的好友向雲天有輛 BMW，大不了讓雲天跟來玩，讓大伙認識認識，好了！我的衣物已經烘

乾，我要回我家。」

　　大鳳蝶；從春天至秋季可見成蝶，一隻在自強公園飛翔著，彤緯自他面前經過，彤緯雙眼發亮：直視深怕他離開視線範圍，但彤緯並不能停留太久，只好放棄依依不捨的離開；回家打電話給向雲天。星期天；遊北海岸，數位相機不斷張眼眨眼，每位拍攝的好不快樂，海水湛藍沙灘人潮擁擠，正如彤緯所說向雲天會跟來，駕駛他的 BMW，與大伙打成一片，載著鋼鐵人、美麗，方彤緯則載蔡彤緯、思惠、美麗，今天依然是晴朗的好天氣。

　　思惠、蔡彤緯認識一個多月，思惠自認時機成熟，打了手機給彤緯：

　　「這個禮拜六我和妹妹美麗，要回高雄市的家，順便讓我母親看看照片，看我的如意郎君的風采，我要搭乘高鐵回家，你暫時別忙暫時就這樣決定。」

　　彤緯急切的：

　　「我載妳回家，好嗎？雖說轎車是租的，但一直以來很想看見妳母親。」

　　思惠輕輕的說：

　　「別忙，跟你在一起很快樂，並不代表我們感情的進展，有那麼快，對不起；先在這裡跟你再說一次對不起；好嗎？」

　　「好罷；全聽妳的，回來要通知我！聽妳的好消息喔！」：彤緯答應了。一隻烏鴉鳳蝶；整年度均有成蝶舞姿，翅膀正面黑色底密布著發亮綠、紫、藍色鱗片。

　　搭乘高鐵到左營、再乘高捷再走路回家。用著鑰匙開門出了聲音，思惠、美麗仔細的開門，但不得其法：

「思惠、美麗你們回家了，門鎖換過妳門打不開的，我來等等。」

「歡迎思惠、美麗回家，讓媽媽親吻一下，我的乖女兒們，怎麼會想家，想要回來？」

進入客廳思惠：

「禮拜天我們下午就要離開，回臺北工作、讀書。」

美麗急急忙忙拿出照片：

「媽；您看，姊交了男朋友，。很帥喔！」

林美碧端詳了一會：

「這男孩是誰？」

美麗：

「那是姊的男朋友，叫蔡彤緯，帥喔！」

林美碧很不高興卻輕輕的說：

「我反對妳們跟他交往，太帥沒有安全感！」

思惠急忙解釋：

「他很溫和、穩重的，改天我帶他回來給您看，好嗎？」

美碧十分盛怒：

「不許跟他交往，就是不許，妳爸爸也姓蔡，不怕生出奇怪的小孩？！」

思惠無奈的：

「好吧！聽媽媽的話。」

至此母女三位閒聊起來，母親美碧：

「妳們一大清早晨就搭高鐵第一班車回家，事前也不來通電話告知，假如我出去辦事，妳們不就慘了，要等我回來，……，嗳呀！我該去煮中午的飯。」

思惠、美麗一口同聲：

「我也來幫忙。」

一邊吃飯一邊聊天一家三口笑聲滿桌，一直聊到深夜才拖著疲憊睡覺去，三隻紅紋鳳蝶，為普遍種有馬兜鈴生長其中，必然有其身影，整年均有活動。星期日；除了美碧依然早起，思惠和美麗兩姊妹睡到快中午才起床，吃著母親美碧準備好的早餐當成午餐思惠：

「媽；午餐不用再為妳兩女兒準備了，下午就要乘高鐵回臺北，……，媽；我們不在您身邊，您可要多保重，有空時您可北上來看妳兩女兒；好嗎？」

吃完美式餐飲三明治，兩姊妹便開始打包行李。乘高鐵回臺北，到臺北已經是下午五點多，順便在路邊攤吃起陽春麵，才回租屋處。彤緯等待了二天，忍耐不住亦不知為何思惠不打電話或手機給他：

「思惠；我們不是說好，妳回租屋處便給與電話連繫，到底是怎麼回事告訴我好嗎？」

思惠有些遲疑：

「我母親大人；不贊同我們的交往，我父親亦姓蔡，怕基因遺傳壞因子，造成下一代不好的結果，望你能體諒，我父親早已過世，不在人世間，自幼就未曾看過我父親，我們是從臺北搬遷到高雄的，母親獨自一人把我兩姊妹扶養長大，對不起！我不能再跟你交往，請求你放手吧！讓我靜靜的想一想，我們還會是好朋友，請你為我想一想，為下一代想一想，別再說了，我要關機了，回租屋處再說，讓我好好上班。」

臺灣麝馨鳳蝶；臺灣特產種，分布臺灣各處深山，產量不

多整年均有成蝶活動。

　　隔日；大伙又在自助洗衣坊碰面，美麗和雲天聊著天，思惠和鋼鐵人笑聲不絕，蔡彤緯孤獨的靠站在洗衣坊牆壁默不做聲，玫瑰和方彤緯邊聊邊瞧不做聲的蔡彤緯；不知如何是好？蔡彤緯烘乾衣物，便離開洗衣坊回家，坐在沙發上翻閱與思惠用數位相機拍下的照片：

　　「媽；您看與我合影的女子，長得如何？是否和我很登對？！他們都說我倆有夫妻臉，怎麼回高雄一趟；她整個人都變，也不理我？姊妹兩要回高雄，我還特別叮嚀回臺北要打電話給我，沒想到轉眼成空。還想和她在一起拿衣物去洗衣坊，沒想到各自成對，我成不受歡迎的一人。」

　　蔡彤緯母親拿起照片大吃一驚：

　　「這女孩是不是叫；林思惠，她母親叫林美碧，她有一位妹妹叫：林美麗。她母親是你父親在我生你時的外遇對象，她是你妹妹，同父異母的妹妹，不信待你父親回家你問他，媽；絕對沒騙你。」

　　彤緯聽得不敢相信，直搖頭：

　　「原來是這樣，思惠、美麗都是我的妹妹，難怪思惠差我一歲，還說她們父親亦姓蔡，但早已過世，她們懂事以來一定未曾見過爸，爸怎麼會做出這事，太令人難以想像，而且那麼巧被我給遇上，兄妹在談情說愛，未免也太巧，好可怕！好誇張！還自以為真有夫妻臉！要不是今天有提起不然還要傻多久！」

　　彤緯母親微微笑臉：

　　「找一天，去拜訪她們母女，也該讓其早日認祖歸宗。」

　　彤緯打手機給思惠：

　　「妹妹思惠；妳好！妳對陳鐵鋼鐵人交往的如何？如何感覺和想法？！」

　　思惠臉色戴著疑慮和不解：

　　「我可不是你的乾妹妹，別用此方法讓我回心轉意，我下了決定是不會回頭，不要再度在我身上打主意！」

　　彤緯不慌忙的告訴思惠這段故事：

　　「妳知道了罷。」

　　思惠不敢相信但又不得不信：

　　「我打電話給我母親確認，是否屬實？！」

　　經過一翻思惠與其美碧；思惠母親美碧尾尾道來，證實了彤緯的說法，思惠再打電話：

　　「哥；原來是這樣！」

　　「有空來家裡坐坐聊聊天，認祖歸宗的事情早晚都要完成的，可別逃避，你和美麗是我妹妹；不爭的是實，哥哥在這裡歡迎妳們，也會疼愛妳們與妳們的母親。」：彤緯說明自己感觸。

　　思惠懷疑的表情：

　　「為什麼陳鐵；會有綽號叫鋼鐵人？」

　　彤緯一臉愉悅好笑：

　　「鋼鐵人的來由是因為陳鐵的名字和他有強健的體魄、還有他唸的學校是體育大學，不信妳請他把上衣脫掉給妳瞧瞧，妳就明白，看他穿著衣褲遮掩難分辨。」

　　枯葉蝶；因偽裝似枯葉而得名，在全島深山原始林內，只吸食樹液果汁。

　　過了幾天；彤緯在自助洗衣坊與思惠、美麗碰面還有位女朋友：

　　「家裡有一間空房，因該可夠妳們姊妹住，或許會有點擠，但總比妳們在外租屋好，起碼省租金，賺錢不容易，美麗還在讀書，而思惠妳剛剛入社會，有個照應，妳們姊妹妳們告知妳們母親美碧阿姨，看意下如何；好嗎？」

　　美麗擠滿笑容：

　　「哥對於住的問題我們會考慮，我幫你介紹我學妹陳琳；功課很好又懂事，哥不妨考慮考慮，你應該不會有太多意見才是。」

　　彤緯翻開一新詩詩刊裡面一篇玫瑰最珍貴散文詩，作者蔡彤緯附註贈玫瑰〈暱名：小倩〉小姐，內容寫

　　壹、抽屜裡張葉子印著知玫瑰；彤緯將玫瑰寄送給玫瑰；等待玫瑰的訊息；玫瑰是否收著那張印著知玫瑰的葉子，彤緯將玫瑰寄送給玫瑰。

　　貳、宣傳車在街弄徘徊，看板廣告上畫玫瑰；看板廣告上又寫將最美玫瑰送給最親愛的玫瑰情人節快樂，彤緯指著宣傳車：「玫瑰這是送給玫瑰的。」「倆來去逛哪家百貨公司。」「玫瑰彤緯愛玫瑰，玫瑰相信彤緯嗎？！」把手上的玫瑰，迎給玫瑰玫瑰愉悅的收下，玫瑰親吻了彤緯臉頰。

　　參、在茶几的花瓶裡插上幾隻玫瑰，待開放有紅、黑、紫色，就怎麼玫瑰，在台灣玫瑰最搶手，比黃金還值，還外銷呢！

　　肆、一早打開手機，手機裡有玫瑰照片，想著玫瑰是否依然是彤緯的，將思念用 Line 寫給玫瑰。

　　伍、拿著水杯看著眼前花瓶裡的紅玫瑰，一紙白蝴蝶棲息

在紅玫瑰花瓣上，正看得入神；突然醒來，彤緯才知只是幻覺。

陸、打開洗衣機，放進玫瑰衣裳，洗著洗乾淨彤緯對玫瑰的雜念；信任的消失一成塵汙，努力洗著洗衣機，從頭都很負責；因為在意玫瑰所以幫玫瑰洗衣裳。

柒、玫瑰就那麼奇怪，朵玫瑰就能牽住玫瑰的靈魂，彤緯置信從無懷疑；從無失敗過。

捌、聽見玫瑰聲聲呼喚，對玫瑰的感覺；甦醒後才知睡覺裡的一場夢，玫瑰緊握的手；突然鬆開；甜蜜的叫聲停止了

玖、玫瑰煮的飯菜都特別香甜蜜可口；那無只有感覺；是事實，像新詩。

拾、在書桌岸上的葉子寫新詩；看著花盆裡的塑膠玫瑰；喝著凍頂烏龍茶寫著玫瑰；寫著玫瑰最真貴。

拾壹、轎車在大馬路快樂疾馳；載著玫瑰；開車的彤緯高興無暇。

拾貳、彤緯好久無見玫瑰；站陽台眺望玫瑰的作憩

蔡彤緯瞧見玫瑰滿面笑容似乎很高興很喜歡。才聊完沒多久鋼鐵人、方彤緯便陸續進來自助洗衣坊，雲天也來湊熱鬧。大伙吱吱喳喳笑聲滿室，在洗衣坊的陌生人亦跟著笑。

經過半年彤緯和玫瑰相處，雖說玫瑰還讀大學二年級，彤緯就向玫瑰求婚，玫瑰歡喜答應絲毫都不猶豫，倆歡喜冤家辦理結婚典禮，在飯店席開百桌樂鬧非凡大伙都說〝狼才虎豹〞當然知道是玩笑話，其實是〝郎才女貌〞掌聲不斷，彤緯的親朋好友全力出動，美碧阿姨也大方出席，介紹人美麗、思惠高興出席，父親江登發滿面笑容祝福再祝福，母親牽起美碧的手興奮無比。登發致詞：

「盼早生貴子，能似蝴蝶一生恩愛如初。」

樹間蝶一對飛進了會場，分布臺灣各處，白天躲密林，黃昏時才會活動，整年均有成蝶。

彤緯與玫瑰讀著玫瑰一新詩集蔡彤緯著附註贈玫瑰〈暱名：小倩〉篇自在唸著：

1、生活自在；就似河水卷卷流向大海；彤緯玫瑰與大夥匯聚在一起。

2、看著電視；彤緯泡著鐵觀音；一句句飲自在

3、感冒生病了，吃藥睡覺；從中午一睡至旭日東昇的隔天，看在玫瑰眼裡，彤緯又上床睡覺。

4、插電自動彤緯按完鍵盤設定就好；洗衣機洗著自在；負責任無須煩惱的自在。

5、彤緯玫瑰聊著生活點滴，與同事聊工作方程式。

6、自動洗衣機；洗著玫瑰最後脫水 9 分鐘。

7、玫瑰住在大廈裡；一間間的房子；彤緯進出乘電梯方變自在。

8、玫瑰住大廈十樓想爬樓梯；也很好運動身體康健

9、太陽自東方昇始自西方下沉；日復一日

10、台灣春夏秋冬自然更遞；玫瑰花開花謝。

11、玫瑰交朋友自然放輕鬆的交往；無須銘刻會是好朋友就會永遠再一起

12、玫瑰一大早起來吃早餐；跟大夥喝奶茶吃三明治

順理成章

　　林美麗走在忠孝路，下班的公車站牌排了很多人，有下班的人、旅遊的人、下課的學生、、、、等等。美麗也在等公車；身旁站位陌生男士兩眼直看著美麗：

　　「小姐請問尊姓芳名？！」

　　竹是禾本科的一個分支竹亞科分布亞熱帶地區，有低矮似草有高大如樹，通常通過地下匍匐的根莖成片生長，也可通過開花結籽繁衍；為多年生植物已知全球約有一百五十屬一千二百多種。高可長到三十五至四十米；生長快生長量大，對水肥要求高要有充足水溼，排水良好土質深厚肥沃；富含有機質和礦物元素的酸性土壤。桂竹；分布臺灣中北部海拔一百至一千五百米地區臺灣特有種，桿高十二米，直徑四至八公分，節間長十二至十四公分，桿肉厚零點四至一公分。在各類竹材抗灣強度最大。長年臺灣重要經濟作物。臺北植物園亦有栽種，供人欣賞研究。公司大門內花圃種植八株桂竹不僅代表創業八位股東；更代表他們的團結和期許、原本自古中國人對竹子吟誦讚譽君子個性的崇拜和與《貴族》諧音。向飛在這家汽機車與零組件內外銷代理及製造商公司上班已經有五年經驗，從國內不內銷外銷小組長做起；父親向雲天是公司的董事長，其實剛開始公司僅是代理汽機車零組件的代理供應商，創業二十年，

十層樓辦公商業大廈原本只有第十層是雲天科技企業公司的，現在擴展到七、八、九、十層都是飛的父親既向雲天董事長的公司所有，原本第十層亦是租來的，後因為事業有成慢慢擴張，一層一層的賣下，也許是機運每到一個階段就有公司搬走這十層樓辦公商業大樓，直飛來上班就已有現在的規模，第七層是負責國內的業務聯絡單位；第八層是負責國外業務的部門；第九層樓是負責行政中心；第十層樓最主要是董事長、總經理辦公室。飛工作認真執著，自己亦知道實力很重要，因為是某私立大學畢業；又是自尾巴數第四志願；在校成績也不理想，所以畢業後不斷自修補習，在第七層樓負責國內業務有五年經驗讓他站穩腳步當上主任，但公司裡有同事傳言：因為飛的父親是董事長所以才能讓飛有今天的成就。另有一說：飛的努力認真是有目共睹的，他的才情是沒話說，應該不只是主任一職可妥貼。八位股東董事都希望現任董事長雲天退休自己的人能夠接董事長的位置；因此努力以赴栽培自己的孩子或旗下的人；暗地裡較勁十分屬害，表面和平常相處只為公司的未來著想，而事實上亦真是如此。

美麗輕輕看著陌生男士：

「小女子姓林，雙木林，芳名美麗，景色美麗的美麗，叫林美麗，請問這位男士尊姓大名？！」

陌生男士臉露著微笑：

「小的姓蔡，草祭蔡，名字彤緯，紅色經緯度的紅色緯度的彤緯。叫蔡彤緯。」

美麗和彤緯聊來甚歡自碰面下班五點半直聊到八點多，還無休息的現象，看似兩情相悅，像浪花拍沙灘；波波陣陣浪花

親吻著沙灘，沙灘依偎著浪花。

　　董事又任總經理陳鐵最積極也被看好；因為他有位在美國畢業於哈佛大學企業管理博士學位的兒子陳長文，董事長雲天和飛也都知曉，甚至雲天想將女兒霓下嫁於長文；霓是位空中小姐來往世界各地，雲天的夫人林美麗、兒子飛亦贊同。就在長文準備搭飛機回臺，雲天召開董事會，全體董事以五比三的人數通過飛轉調國外部經理，而其實董事和國外部同仁暗自竊笑都想看飛出糗。國外部同仁原本不看好的，飛卻令同仁刮目相看英文呱呱叫，從未聽得飛講起英文或寫英文字，國外部同仁和董事全傻眼，百依百順無再執疑、阻擾，對飛另眼相看。並且有機會同仁便拍馬屁對著一定女性目標努力介紹，女子聽聞飛的豐功偉業漸漸有了反應。長文回臺休息不到一週等於過完中國人的新年變走馬上任國內部經理，卻水土不服不管對外人際關係和同事相處都備受考驗，嫌別人自己又做不到弄得灰頭土臉。

　　兩人聊著聊著同搭同輛公車，美麗說：

　　「那麼奇怪，同搭同輛公車，彤緯家住何處？！這麼那麼奇怪！」

　　彤緯手拉車子扶手桿看著美麗：

　　「這麼那麼奇怪！同搭同輛公車，美麗家住何處？！這麼那麼奇怪！」

　　「彤緯往板橋，美麗也是；對嗎？！」

　　公車上景物篇篇往公車逆方向而去，兩人聊來笑語無斷，這是美麗與彤緯相遇最好的開始。猶如清涼的浪花，輕輕漂漂過兩人的身體，舒服涼爽。

　　聽說國外部經裡飛有語言天分更加大感壓力沉重。在大門口人行道有榕樹而　其是；公園、庭院、行道樹可遮蔭、防風、防火樹及盆栽樹；陽性樹不擇土壤根系分歧而廣佈耐風、耐潮、對空氣汙染抗害力特強，遮都是綠化，分布於日本、印度、菲律賓、馬來西亞、澳洲、臺灣平地低海拔山地極為常見觀賞性鄉土樹木，桑科榕屬別名：正榕、烏松。飛從國外部走入國內部找長文經理噓寒問暖、聊聊天互相打氣，要長文不要心急：剛回國事需要時間調適。長文心想：

　　「根本是來看長文出糗的，來公司也一個月，現在才抱著看好戲的心態來」

　　表面上還是很客氣相互握手擁抱，客套完各自回工作崗位。長文父親及總經理陳鐵：雲天兩小伙子工作互換；好嗎？雲天回了一句：磨練。

　　桂竹、榕樹在成長；長文也緩步在成長父親體亦總經理用心使力；盡量幫忙介紹人脈讓其減少挫折與阻礙一再鼓勵加強信心。飛工作順利業績漸漸上揚，雲天看在眼裡心裡有著落；但不說半字不耽心，只是偶爾低頭竊喜心想兩傢伙這樣努力安慰就打心裡上來，坐董事長辦公室是很有生命力很活躍笑臉都自然而生；各自努力又很團結，相互幫忙是常有的事。木蘭科常綠灌木或小喬木；含笑原產大陸華南地區，受歡迎的庭院香花植物；種植在公司大門內花圃；小枝和花苞的苞片上都有檽褐色短毛花苞圓球狀，花瓣六片花白色雌蕊綠色雄蕊花絲基部帶淡紫色三至五月是盛開期。每到著期間進門就聞見；神情清爽心靈為之一振，不知道是那家公司種下的，總是微笑看它，再坐電梯上樓。

　　美麗看著彤緯，彤緯仔細看著美麗的笑顏；毫無保留說自己前塵往事，如何追前五任女朋友：

　　「美麗；人如其名，確實美麗，又有點雅典娜的樣子和美麗，言談之間又無保留自己任何最私密的事情及情緒，小的彤緯自認為這次無追錯美麗，謝謝！謝謝月下老人，謝謝玉皇大帝，謝謝眾神，保佑彤緯這次能追到美麗，抱美麗回去，抱美麗回家去。感謝！」

　　美麗羞紅著臉，看著彤緯：

　　「彤緯；還不是一樣！大方毫無保留。無嫌棄美麗，美麗並無美麗，美麗謝謝彤緯！」

　　彤緯看見公車窗外熟悉的風景跟美麗說：

　　「彤緯要下公車，就在這站！」

　　「美麗能否給彤緯，美麗家和公司的電話？！保持聯絡。」

　　彤緯按了下車鈴：

　　「彤緯要下車。再見！」

　　飛這幾天要南下臺中港驗貨看進口汽車和重型機車的零組件有沒有問題，全都自德國進口，司機除外國外部加上經理飛共八位：馬英九我坐你開的車，其餘你們看著辦。而長文再巡協力廠新北市甚至新竹瞭解合作狀況與製作過程亦帶了三位重要幹部，看協力廠始終臉龐帶著微笑很謙卑聽協力廠公司老闆或公關介紹。小心不要讓汽機車零組件傷，品質要掛保證。這裡面的協力廠包括射出成形廠、沖床、螺絲廠、彈簧公司、……，等等。包羅萬象錯綜複雜，做 O.E.M. 亦做 O.D.M. 也有自己的品牌，長文每看完一家公司、協力廠都說：

　　「合作已經不是一、兩天貴廠製造的貨品是經得起考驗

的，只是來瞭解大家合作愉快的程度，現在公司國內部是小的不才長文在推動的，請大家多多包涵與指教，謝謝老闆！謝謝大家的合作！盼我們的合作不是只有今天，希望能長長久久再創二、三十年的高峰。前幾次來協力廠都沒看得很清楚，這次真開眼界，實在難得，要不是有合作關係想進製造工廠；比登天還難。」

　　來到自己的生產線勘查的很高興但銷售量始終打不開，不知為什麼令人費盡心機，就是這樣買不出理想數量，長文看了又看，想了…又想，嘆了一口氣：

　　「走；回總公司。」

　　長文離開生產線要出大門見得重陽木，心裡頓時冥想著重陽木，大科常綠大喬木；平地、山麓都有分佈，臺灣固有樹種，為著名行道樹，亦是鄉里膜拜的神木，又名茄苳。每一個葉柄頂端長出三片小葉；葉片略呈 V 字型，葉端尖，樹型寬闊，枝葉茂密。

　　著男孩怎麼這樣，小女子美麗還無下公車，彤緯就下公車。但這大男孩真特別，有種無法言說的氣質。美麗按下公車鈴，下車直想著彤緯的言行，覺得很有趣，回到家：

　　「媽，美麗回來了。」

　　「美麗如此臉滿是笑顏，是否有何喜訊？！告訴媽。」：美麗母親向霓一派輕鬆。

　　美麗高興著：

　　「美麗有大男孩子追了，血液循環加速好多，腦袋差點一片空白。樂，高興死。美麗的堅持是對的，媽為美麗高興吧！」

　　飛到臺中港進入海關，一位女子幫忙接待，剎那間飛眼眸

裏有她，直視著一動也不動停止了一分鐘：

「向先生；請這邊走，我們去看看貴公司進口車和零組件。」

回頭面對幹部飛：「好；咱們跟隨小姐去。」

飛巡視汽車、重型機車、汽機車零組件。跟隨而來的重要幹部大臣們頻頻點頭，齊聲：

「很好；品質大致上都屬 C.N.S.合格標準，有的還比上批好。」

手都伸出摸著進口的汽車、重型機車和零組件，游標卡尺、……、等等此具都不斷比劃著。飛帶笑容；

「如果沒問題；我們商議個時間來取貨。」

彤緯無自覺陷入回憶當中，思想起那一年與林思惠相識的日子，彤緯站在公車站牌排隊等待公車，無料到思惠來搭訕：

「請問先生尊姓大名？！您要搭哪部車？！搭往哪裡，回家？思惠想跟您做做朋友，聊聊天到處去玩玩，純做朋友？！可以嗎？」

坐在公車裡的座位，無所不聊，一下子報紙寫了什麼一下子思惠媽媽說了什麼………。聽思惠還無講完，彤緯都下車回家了，無留地址電話，然當天一路被思惠的話題說的有些煩有些無奈，彤緯無答聲只有靜靜聽著，好無大方的女孩，彤緯光聽思惠的聲音就覺的好笑。今天，搭訕了美麗，無知道美麗對彤緯的印象如何？！彤緯一邊洗澡一邊思索著；著可怕的問題，誰也害怕知道結果，彤緯也忐忑無安，只有靜靜回想今天彤緯在美麗面前的表現，是否還可以？！直到在家裡的臥室床上睡著。隔天，想重施故技，無料美麗無至公車站牌，彤緯趕

忙拿起手機按美麗的電話號碼：

「請問美麗小姐在嗎？」

「彤緯，您好！美麗今天要加班，可能很晚才會回家，別等了，自行回家吧！謝謝您囉。」

大伙都笑臉滿懷，吱吱喳喳的聲音慢慢大聲起來，也開始說笑了。在笑聲中一行八位壯丁再乘往北走，回總公司。飛一行人先回公司。長文回到公司與飛一樣收到口信：明天國內外部到行政部九樓開會，董事長、總經理、董事要聽大伙的意見想法，今天準備一下。飛暗暗竊喜想起在海關接待的小姐，火焰木在飛心中燃燒；紫葳科常綠喬木，花大型合瓣花形如火焰極為豔麗；故名火焰木。喜陽光充足為庭園及行道樹花期二至四月果內含多數薄翅狀種子，借風力將種子飄揚遠處繁殖，樹幹直立灰白色，奇數羽狀複葉對生，小葉卵狀長橢圓形，葉全緣綠色，葉粗糙羽狀側脈有柄，種植於綜合大樓辦公室南面牆邊最為適合。飛按電話：

「請問接待雲天科技企業的海關小姐是否還在。電話那頭小姐的聲音：對不起；我們是公務員，不便的地方請多多包涵下次請不要來電了，對不起；我們海關很忙。」

講完就掛電話，其他人並沒有意識到，只是跟隨人說：

「海關接待的那位小姐蠻清秀可人。」

大伙又吱吱喳喳越來越大聲喊叫起來笑成一團，後各自分開尋找資料；匯整討論互相交換意見：

「經理你覺得好不好？」

又交頭接耳談論起來：

「老王您覺得如何？」

老王微笑：

「你們問小蔡；宗翰比較聰慧！」

宗翰面嚴肅：

「向經理不知你覺得如何？」

「宗翰你不要太客氣叫我飛就好，你們可以回家，不要忘掉明天報誤餐費，其他事我來處理，十點鐘了你們趕快回家！」

宗翰帶著興奮的微笑：

「向經理；公司有公司的倫理不可以沒規矩，大伙回家吧！」

飛搖搖頭不發一語。

隔日；國內外部及董事長、總經理、董事們、有關人等都到九樓會議室開會。雲天董事長臉色鐵青：

「請國外部向經理說說，向經理一夜沒回家，應該有方法與意見。」

飛帶著滿目的睡意一頭亂髮站起來：「感謝董事長的抬愛與關心，個人認為我們的製造汽車、輕重型機車有自己的品牌外；價位也該檢討，現在是薄利多銷年代，品質第一服務優先亦是很重要………我們是有能力的公司，設計開發要成立獨立部門，希望在位大伙能認同。」

在場鼓勵掌聲不斷，長文國內部經理直點頭：

「我個人支持向經理的看法。」

「老王把資料影印然後發出去，這是熬夜整晚所理出來的資料，雖然沒去協力廠、上下游共應商、自己的生產線，其實心裡都有數，平常都有在注意，請董事長與在坐的放心，謝謝大伙仔細聽取小的報告，不知大伙有否更好的意見，請董事長

裁決」：飛說的。

雲天從鐵青臉變微笑：「好；既然大家都沒意見那就散會，我知道六樓要出租，我想跟房東談談買斷是否可以，大家分別進行，好；散會。飛今天星期五回家休息。」

飛微笑點頭開私人轎車往臺中港直奔而去，精神還是很好，開三個多小時到達，進海關辦公室：

「小姐；請問貴姓？大名？能否借一步講話？我們公司是正派經營絕不會亂來，你可以問問你的老同事就知曉，不會為難妳。」

林小姐微微笑：

「我剛剛進入海關這行沒多久，請讓我學習好嗎？哎呀！我叫林思惠，好了可以放過我，回去好嗎？！」

向飛遲疑著，站了一會：「好吧！要接我的電話喔！那離開了，再見！再見」

琴葉榕在風情中演奏飛聽得非常愉悅的音樂，琴葉榕別名提琴葉榕，葉子如同她的名字；小提琴的形狀樹葉很大長三十至四十公分大小，而且為質和一般常見榕樹肉質或革葉有明顯不同，葉子互生向上翹起和垂榕及一般榕樹葉片深長方式不同；所以常只見到她的背面，做為庭園造景之用，不過一般都栽種為行道樹，屬桑科常綠喬木原產熱帶非洲西部，引進臺灣是為觀賞樹。

在那夏日熱情季節江美麗看見蔡彤緯，彤緯看見美麗，倆訴說一段綿綿情雨，彤緯牽美麗的手，在大稻埕大方浪漫走，路過的人人人稱羨；人人祝福，如此快樂熱情的情綿綿薔薇。美麗：

「薔薇與綠葉自始至終都能安安靜靜和睦相處隨風景自由；在公園。」

彤緯懊惱無奈的說：

「那是因為公園是公開的公共場所，來來往往大伙都在看，也有停留欣賞。」

「美麗是否是這樣的想？！」

「薔薇是無能這樣子想的！」

這是彤緯和美麗牽手夏天第五季的愛戀薔薇，愛戀。

彤緯愛戀第幾位薔薇，個性想法總是無和，總是天差地遠；彤緯該怎麼說？！天知地知？！

飛按手機給長文：

「長文明天有空嗎？你目前有女朋友？今年歲？」

長文笑聲傳遞給飛：

「休息了兩天精神又飽滿，目前沒有女朋友，曾經在美國有位女朋友金髮碧眼，回國前就分手了，要幫我介紹女朋友，今年都三十九歲，求之不得，明天星期天當然有空，好了明天兩點半見。」

隔日；星期天下午兩點半，前半個小時長文便在咖啡屋坐好，叫了杯拿鐵咖啡，慢慢看著手腕上數字表一秒一秒鐘的過去，長文喝完杯拿鐵咖啡已經三點鐘，看著手錶時間已經溜走，心不煩氣不躁繼續等下去，聽咖啡屋放的音樂，輕鬆跟隨亨唱起來，音樂使喚他那自由自在的心，又向咖啡屋的服務小姐叫杯拿鐵咖啡，想起在美國金髮碧眼無緣的女朋友，心情就糾結起，愛情這東西到底是什麼，長文只怕只能微笑以對；想來不知如何提起放下，她那模樣直叫人無法忘懷，但又不敢再

想，像吃下安眠藥，就此無法脫身不知不覺睡在她懷裡，恍惚
中倆人交往五年餘天，她的來臨我變開始沉醉沉睡，那安眠藥
自一粒變越吃越重五十粒，難以自拔分手時卻一秒都無法見聞
她的臉她的聲音，玫瑰是何種人生經歷？！飛穿著一派邋邋腳
踏拖鞋：

　　「喂！長文你來多久，這位是我姐姐向霓；空中小姐，剛
剛自服務的客機回來；所以誤了時間，真怕你等太久溜了，我
姐姐可是國立大學畢業我們家族全是大學畢業，只是公私立之
分，我是家族裡唯一讀私立大學，最不被看好的敗家子，在國
內部待了五、六年才有如今一點成績，我可花費很多金錢在補
習，現在誰敢小看我。」

　　霓眨眼親切：

　　「陳先生你博士班畢業，又留學美國哈佛大學對於我們這
般大學畢業的女子，有興趣嗎？！空中小姐只不過是高級服務
生，工作時間又不一定又危險，而當空中小姐是我自幼興趣，
你覺得呢？」

　　長文喝了口咖啡：

　　「對別的女子我不敢講，對於妳我第一眼看見就很感興
趣，謝謝飛給我機會，我留學是被逼迫，我不認為自己的理想
必須透過讀碩、博士班才可？！在美國我有上班一些時間，會
回臺灣只是想忘掉不愉快的事情，跟工作是無關，我不想再提
起；對不起！」

　　彤緯踏著蹣跚的腳步，走到花店買枝薔薇，要送給美麗，
當作定情的信物，願與美麗共守在一起的信念，永浴愛河；絕
無要有分手的念頭，彤緯是這樣子想的，內心充滿幸福與快

樂，怎知最後的結局，是叫彤緯無法勇於認識，難以接受的，或許人生就是這樣，總是在尋尋覓覓中度過，美麗。

次次的傷痛亦讓彤緯成長；薔薇的事故從來無誰知曉，如何起始無一定；亦無人知曉，彤緯無知該怎麼說，寫了封信給美麗信名〔愛情兩個字好辛苦〕：

「愛與情是伴侶

互相擁有對方

互相依賴對方

努力的相處

努力的牽手無鬆落任何一秒

總是要想盡任何方法綁住對方

彤緯常說

愛情呀愛情　害彤緯好慘

讓彤緯只看見美麗

從無再用腦想其他薔薇

因為美麗就是薔薇

而且是盛放紅透的薔薇」

美麗收到信函，撥了通電話嬌羞；看著電視螢幕的大陸尋奇：

「蔡彤緯無聊；真無聊。」

「家裡無大人，讓彤緯有機會寫首新詩，讓美麗無知道如何自處？！美麗好羞哦！這下高興了吧？！」

現在長文的心有刺桐茂盛長著；既難望那火紅的花，又害怕那瘤刺，蝶形花科落葉喬木，產於臺灣平地山麓茶褐色樹幹

上有顆粒狀的瘤刺，三片葉子組成複葉，葉菱形或卵形，刺同花期三、四月深紅色的花在枝頭開成一小串，花和新葉同時長出，莢果像串念珠，自花型可告知它別稱《雞公樹》果真實自名歸。臺灣；刺桐屬的樹共有三種，它們花都相似且豔紅如火。產於巴西的《雞冠刺桐》樹型最小是灌木形態，《珊瑚刺桐》是小喬木產於北美，它葉柄有刺，最高大要算是刺桐枝上長著黑色的刺。另外有種觀葉型的《黃脈刺桐》是刺桐的變種，沿著葉脈有黃斑，其餘特徵都和刺桐相似。

　　三位聊來甚歡，長文漸漸忘記憶往不愉快的事情，霓帶笑容滿面春風喝拿鐵咖啡，飛最老土好像從未喝咖啡滿口美式咖啡，長文與霓似乎認識許久相談之間不斷激起火花，而飛偶爾說幾句只有在旁陪襯陪笑，一時飛想起海關裡的那位林思惠小姐清秀可人，記得當學生時代；尤其高中時期同學都說他會早婚；因為他有位樂觀美麗的姊姊，自己有很有主張主見，對女孩的欣賞別具一格沒有任何同學會有所執疑，飛陪笑一陣子突然：

　　「你們聊我想回去，準備明天上班要的資料，我先離席，你們也開始該去找餐廳吃飯，我有答應媽咪要回家吃飯，對不起！」

　　長文心想對向飛可能有誤解，不知為什麼我上班一個月，他才來慰問，然感覺他們家人都十分隨和，以後還弄不清楚前，不要亂下斷語，這三月臺灣北部的天氣真是晴時多雲偶雨，潮濕的空氣讓人全身不舒服。到了西餐廳點餐後，兩人時而沉默時爾望著對方傻笑，兩內心還是十分愉悅充實，二十一點半長文開轎車載霓回家；兩者不捨得心表演在臉龐，回家

了；霓向父母親打招呼後就進臥室，整理衣物時傻笑時搖頭，對長文的印象深刻歡喜在內心回盪久久無疑在腦海直浮現，彬彬有禮穩重又有趣；不知道他哪兒來那麼多笑話，讓人不解，因為玫瑰男人自然而然腦力激盪；便使出渾身解數；就有說不完的笑話和憶往愉快的事情可供給聊聊天，不知神往哪裡，亦還好霓漸多事廣，都聽得懂，時又講英語；配合不上那麼就糗大，也不感壓力，兩者都歡迎認識對方，感激飛的介紹，兩者都嗅到檸檬芬芳，在春夏間樹木生長旺盛的季節裏；檸檬桉桃金孃科常綠大喬木；原產歐洲是世界著名高大樹種，常成片造林生長快速，他們的老樹皮變開始大片大片的剝落，不久功夫所有老樹皮都褪去，露出光滑樹幹，幹白綠色又高又直，離地面相當距離後才見分枝；樹皮的生長週期是一年，也就是說每年都有新皮更新，同時由於樹皮內層的木拴形成層生長得很均勻，所以才能同時間內，讓所有老樹皮都褪盡，葉細長，由於枝葉稀疏所以桉樹木下很透光，林中充滿檸檬芬香。霓：

「不知對方是否能接受這位三八女子，而且年齡的懸殊還要好好考慮，雖然年齡不是問題，學歷沒有關係，身高不是距離，但這是婚姻大事絕不可隨便處理幸不幸福很重要，要好好想想多多瞭解長文的處事風格、個性，對；沒錯。」

星期一；飛打起精神：

「我們八位悍將咱們去基隆港驗貨，看從日本來得貨品是否合乎規格。」

一行八位司機不算兩輛公務車，馬英九司機載飛經理、宗翰和另外二位，其他四位搭另輛公務車，飛按著手機：

「林小姐在嗎？思惠著紅色上衣藍色牛仔褲：是我林思

惠，向經理你要來臺中港：需要我幫忙？飛笑逐顏開：我要去基隆港驗貨，沒想到你會接我手機電話，實在感謝妳，有時間約會見面？你現在忙嗎？」

思惠笑而不答，飛頭疼了：

「好了有空再去找妳，不可逃跑，找個時間喝咖啡。」飛收起手機又恍神了。

宗翰表情凝重：

「好女孩都很難追，自己要有碰丁子打算，心理建設是必須的，慢慢來急不得，月下老人會有安排的，何況你是雲天科技企業小開，怕什麼！」

飛似乎沒在聽，車內靜寂無聲，只有車子在公路上跑的聲音，過了一會宗翰嘆口氣：「當年追求我老婆，費盡心力，一而再再而三的告白，電話一通接著一通，烈女怕纏郎，就這樣子了，對了；我們公司怎麼不上市股票？」

飛顯得不耐煩：

「去年財務報表並不理想，我們生產汽車、機車還有待努力，只能算中型企業快到大型企業，請大伙更加努力以赴，相信股票上市是早晚的問題，好下車吧！」「英九；不要到處亂跑。」馬英九對著飛微笑。

八位悍將走入海關與接待負責的男子接洽後，看好貨櫃裡的貨品整整用掉三個多小時，便回頭搭乘公務車離開，飛又按著手機司機英九旁幫忙拉扯安全帶。

「思惠在嗎？這禮拜六我們去喝咖啡；我開車到臺中找妳？！」

思惠遲疑了一會輕輕說：「好。」飛臉頰泛紅精神振奮高

興：

　　「好；──就說定，星期六見。」

　　飛上了一週五天的班在星期五下班前他按了手機鍵：

　　「思惠；明天見，不見不散！我大概十點左右到臺中。」

　　思惠：「好，不見不散。」

　　星期六暨翌日，兩人買咖啡後邊走邊喝緩步朝山上走，兩人似乎像似認識很久已經熟識到不能再熟的情侶，倆人帶微笑說著忙碌生活的樂趣和喜歡對方的告白：絲毫沒有尷尬不自在，笑聲不絕於耳，火燒柯在他們倆眼前就像現在的倆人，殼斗科常綠大喬木，分布臺灣中部一千五百公尺以下山區，葉背黃褐色，有如鐵秀也似被火燒過一般，果實長於枝上沒有柄，是小海膽佈滿針刺；飛有點急的神色：

　　「下星期要開股東大會，所以明天星期天不能到臺中陪伴妳，要準備資料；若被問到有關於我負責的工作，回答不出來那就糟糕，其實應該不會平時有努力，不用臨時抱佛腳，自己想了一下，還是注意小心，而且多努力點還是沒錯；有益無害。」

　　「看哪天請思惠到臺北玩玩，讓飛好好招待思惠，好嗎！」

　　思惠面露喜色：

　　「以後有事找我，打我手機或家裡電話，免招人非議，公務員也是有它要注意的地方，對不起！」

　　笑談中亦是有嚴肅話題，不因此失去和氣笑聲，人的一生有幾位知己，更別說紅粉知己，如果倆人能互相扶持，家庭事業將較為順利，快樂的聲音會常常蒞臨，五子登科也離不遠，五子登科後幸福亦常臨，滿足的笑臉會讓人人高興羨慕，祝福像潮水一波波而來。

　　彤緯與美麗乘著 802 號公車往三峽，朝財團法人新北市三峽長福巖清水祖師公暨三峽老街方向奔馳而去，彤緯笑容滿面看著美麗：

　　「今日天氣有點陰，有點害怕會下雨，看祖師公會無會讓天氣晴朗些，贈與一天好遊興，拜託祖師公幫忙，哈哈！對無對？！」

　　「好玩就好，下雨有下雨的玩法，下雨有下雨的情趣，有何無好的？！」：美麗羞紅的臉說著。到了財團法人新北市三峽長福巖清水祖師公要進入時下起傾盆大雨，彤緯撐傘盡其能讓美麗淋無到雨，走到祖師公的廟宇裡：

　　「美麗有無淋濕？！彤緯幫美麗的衣裳打掉雨水。」

　　美麗趕緊的說：

　　「不用了，有的話美麗自己來。」

　　倆雙手合十，膜拜祖師公，後高興離開。去美食廣場，食午餐，盡歡。雨漸漸停了，美麗高興的與彤緯走拱橋，好清爽的中午天氣，太陽被烏雲輕輕的遮蔽，露出微弱光：

　　「雲好美麗哦！」

　　「彤緯有無看見？！」美麗說的。

　　美麗跳著快樂的腳步，搭 802 號公車各自回家。

　　星期一，股東大會在九樓舉行，到九點半中全都到齊坐定除了股東還有下上游供應商、公司生產線上的幹部和總公司的重要員工，董事長向雲天很鎮定：

　　「雲天企業集團生產線已經漸入佳境，向經理的判斷沒錯，上下游合作廠商亦要擴建與公司密切程序更加不可忽視，總公司六樓已買下，將由蔡宗翰任職設計開發部經理，不知各

位董事意下如何？蔡經理經驗豐富，所學士臺北藝術大學西洋美術系學士畢業、工業設計碩、博士班畢業、在實物的操作設計開發是很豐富也要入股作本公司股東，桂竹《貴族》再添一株，如果毫無異議，那麼就鼓掌通過，現在公司既將上市股票，尋覓未來總公司的建地亦請各位董事能否提出意見公司參考，這星期五個人將領重要幹部和各位董事到大陸考察瞭解對岸的狀況，是否是本公司前進的好時機，盼望大伙能善加配合準備資料，國內部陳長文經理來公司不過二、三個月表現令人刮目相看，實為人才相信各位董事都有如此的看法，雲天在此給於表揚與肯定，希望各位董事能多加幫忙不吝賜教長文。」

　　在坐一致鼓掌叫好：

　　「萬萬沒想到本來只是一家小小貿易公司，現在晉級要上市股票！」

　　飛情緒激動：

　　「老王把資料分給與會人士，謝謝大家多年來的支持，謝謝！屆時股票上市會舉辦宴會到時請大家來捧場，高興的祝賀到飯店吃歐式自助餐。」

　　長文、宗翰直說：

　　「謝謝股東；董事；上下游廠商；謝謝！」

　　雲天董事長興奮激動：

　　「好了十一點半鐘，各位董事、股東、上下游廠商、生產線上同仁，若不嫌棄趕時間的話吃完便當再離開；好嗎？謝謝！那麼今天會議到此結束；散會。」

　　雲天：「飛找個良辰吉日讓宗翰種下桂竹《貴族》承蒙宗翰看得起；歡迎你的加入；雲天企業集團，往後設計開發就全

仗你了。設計開發部除舊有幹部招募新人由你全權負責。」

陳鐵總經理滿腔笑容拍拍長文、宗翰肩膀、屁股，興奮的淚水在眼眶留戀，沒有說半句話，只有不斷向長文、宗翰點頭。今天大伙都沒有人加班，飛高興的按手機：

「思惠；我們公司上市股票的宴會，妳可要來做嘉賓。星期五我要跟隨董事長我父親去大陸考察，可能屆時要一星期或半個月在大陸，我會盡量與妳聯絡，不能陪伴妳請妳原諒，妳不要胡思亂想，保持平常心就好。」

思惠訝異的聲音自臺中傳遞：

「雲天企業集團是你家的，那麼我們倆不門當戶對，這情路怎樣走下去？！」

飛急忙：

「保持平常心不要胡思亂想，我就知道你會有如此反應，不要胡思亂想，等我從大陸考察回來，在聽我解釋，不要胡思亂想，心情保持平靜下來，我家只是佔有股權比較多，真的沒什麼，不要胡思亂想。」

思惠忐忑不安：「好；我待你回來；再說！」

這幾天飛除了原本自己負責部門心裡瞭若指掌外，還不斷蒐集大陸與國外資料閱讀，每天快下班總不會忘記按手機給思惠，談話重點除了思念亦有略微談到門當戶對的事情。長文自認識霓每當霓回臺灣有空便打電話、手機聊天培養感情或約出去喝咖啡、看電影、踏青、……等等。總公司九樓行政部門排去大陸可能無法一起成行，要分三隊因為飛機經機艙位旅行社給訂滿，洽商不是很順利，行政部門直跟雲天研究：

「好罷！就這樣辦，分成三批，回程也是如此。這三批都

要有領隊；我、總經理陳鐵、向飛，好嗎？就這樣決定了。上下游協力廠也要去別忘記跟他們連繫清楚。現在公司上下如白千層的木栓形成層都向外長出新皮，並把老樹皮推擠出去，但是老皮仍舊層次分明地一層貼著一層留在幹上，越是外頭的皮年齡越大。」經年累月你都可見白千層的樹幹（衣衫襤褸），樹皮披披掛掛，桃金孃科常綠喬木；原產澳洲，臺灣引進後廣泛栽植，是行道樹也是防風吸音效果佳，抗二氧化硫耐空氣汙染樹皮可防火燒，生長快優良環保樹種，小朋友都叫它"脫皮樹"西元一八九六年引進臺灣種植，淡黃褐色（淺褐白色）多層樹皮，薄薄的疏鬆如海棉質，可一層層剝下，花白色或淡黃色似個小小瓶模樣；戶蝶小形細長如柳葉，刷模樣；互生葉葉小葉形細長如柳葉，而白千層精油亦可製造成手工皂，樹葉的形狀、質感和相思樹相似，葉炳膨大成假葉狹長光滑略彎曲，有清楚五條縱脈可製成白花油、萬金油。

在回家的路上美麗無曉得是喜是無奈：

「彤緯真奇怪，無曉得要等美麗先下公車？！看著美麗安全離開回到家，再自行搭公車離開回家！」

「上輩子欠彤緯的。為何如此對待美麗？！美麗做錯了什麼？！」

「根本就無紳士風範。也無重視美麗。」

美麗在回家的路上滴咕著。美麗剛回家踏進門，就聽到電話聲響，美麗門無關就快步跑去接：

「喂！哪位？找誰？！」

彤緯趕快回話：

「彤緯啦！下禮拜六想邀約美麗看早場電影，好嗎？」

美麗氣喘噓噓：

「美麗門還沒關，就聽到電話鈴聲，趕緊來接電話！」

「下禮拜六，美麗無會去，因為彤緯無會保護女生，只會隨自己的意願做事。好了無想講了。」

隨既美麗掛上電話。自此美麗和彤緯再也無通電話或再見面。天空一片深褐色的雲慢慢飄過彤緯的眼瞳，腳踩濕濕洼地。

星期五，雲天董事長一早及董事一行人自桃園國際機場趁客機飛往大陸考察，首次訪問國台辦、臺商的各個組織並參觀大陸各省縣市……環境，從淺顯的問題聊到深厚的事情，目前大陸對汽機車需要的狀況和接受度、所得的情形，搭趁小巴士到處看看，沿靠海地區一路駛去，也到內陸四川瞧瞧，研究結果一切都是正面，反應良好，各級官員都表示歡迎。陳總經理亦第三天在星期一啟程，他甚至到內蒙古。向飛經理在星期三帶隊出發。路線都稍微不同經過五天乘客機回臺灣臺北，傍晚；雲天董事長與其他董事自桃園國際機場乘小巴士回臺北由英九駕駛，在高速公路奔馳的一輛大貨車於前方突然插入；沒有保持安全距離和打方向燈小巴士馬英九煞車來不及；撞上大貨車後保險桿小巴士三百六十度大旋轉；連續六輛車撞擊的連環大車禍三死六傷蔡宗翰董事暨設計開發部經理沒事；向雲天董事長、馬英九司機及黃補董事在車禍中當場死亡；六傷最嚴重手腳骨折脊椎受傷夏雅高董事何邦董事、其他只有皮肉傷無大礙。沒受傷或輕傷的董事們頻頻按手機：向董事長夫人林美麗我們在高速公路發生車禍；雲天、馬英九和黃董事已經身亡，我們要陪同到醫院，妳快點來！也聯絡自己家屬報平安。向飛也要結束行程自大陸回臺灣，陳鐵總經理一團人亦要趕忙

回臺灣，林美麗及董事夫人按電話給兒女上班的公司眼眶泛淚，美麗董事長夫人：

「我女兒向霓，何時下勤務，請告訴她她父親發生車禍；盡速與家人連繫。」

向董事長夫人趕到醫院痛哭失聲：

「雲天你就這樣丟下我；雲天！雲天！我不要，我不要。」

向夫人話才說完整個人昏過去。在太平間其他四位董事亦止不住流淚，都哭跪在雲天的屍體旁，在急診室手腳骨折脊椎受傷的夏雅高和何邦意識還清醒一再問：「向雲天董事長現在如何？」

急診室的護士、醫生都沒有回答。他們倆被馬上送到開刀房。司機馬英九、黃補董事和其他董事的妻室子女都匆忙趕緊到醫院探望自己的先生，馬英九和黃補的家人痛不欲生，交通警察也忙著調查此車禍發生的責任歸屬問題；幾位交通警察穿梭其間。向飛帶上下游廠商在大陸考察，他將領隊的權交代給上游廠商，便乘補位頭等倉一早回臺灣直接到醫院，進太平間看自己的父親眼淚不止；雙腳就跪地大喊：

「爸我是向飛；您聽見了沒有，您聽見了沒有，您醒一醒，爸；爸。」

清晨時；向霓滿臉淚水哭腫了眼睛紅通透眼白：

「爸；您不是要幫女兒找個好人家嫁；看女兒出嫁，看女兒穿婚紗；看女兒……您的白雪公主要等白馬王子……。」

向雲天、馬英九、黃補三家人哭天搶地哭斷腸。五位董事其中一位董事陳淵止住淚：

「雲天你不是說我們是《貴族》桂竹，我們是貴族耶！政

府重視我們，會管我們，會幫助我們，我們要站起來，向世界
宣告我們的存在。」

　　整件事情交通警察調查清楚，貨車司機被逮歸案後，醫院
開出三張死亡証明。由董事長夫人向其他兩位死者家屬提出聯
合法事超渡亡魂，大伙沈默答允。

　　法事七天完畢後；召開臨時董事會；陳鐵總經理發言：

　　「最近發生的事，相信全體董事都瞭解知曉，我個人想要
退休；累了，想來想去把權力交給年輕人，讓他們去發揮表現；
雲天集團創辦人已離我們遠去，希望董事們都瞭解，我想推舉
向飛經理為董事長，有人說內舉不避親，所以我推薦自己的兒
子陳長文為總經理；而他們的空缺由副手接任，並且向飛、林
思惠和向霓、長文在百日內完婚，……明年我們公司股票將上
市。此項人事命令，若無異議就此通過，謝謝大家各位董事。」

　　何邦董事穿著鐵衣與石膏；由看護推著輪椅舉手發言：

　　「哪有哈佛博士給私立大學學士管。」

　　總經理很無奈：「那就無記名投票表決。」

　　經過投票，蔡宗翰經理暨董事拍拍向飛肩膀六票對四票向
飛勝出，飛淚眼盈盈的說：

　　「謝謝大多數董事顧念我父親的舊情和對我個人的肯
定；謝謝各位董事；謝謝姊姊的支持！未來定當全力以赴。我
和我姊姊向霓也代表我父親的股權，將來到公司上班，我姊依
循慣例種下《貴族》。建總公司的地已經找到了，是跟我父親
一起成仙的黃補董事在視世覓得的，望各位董事有空去看看，
有意見再提出討論，那麼這大樓空出以後將出租或售給其他公
司。總公司建成除了桂竹我將再種下銀合歡，希望未來公司能

像銀合歡，不只是合歡，是銀合歡，最好是金合歡。

銀合歡含羞草科落葉小喬木；別名白相思子、細葉番婆樹、臭葉子，原產南美臺灣普遍分布，也層推廣（巨銀合歡）品系的造林，可供紙漿用。偶數二回羽狀複葉，枝端結直徑約二公分球形白花，夾果長十幾公分，裡頭有勁二十個種子有光澤，枝幹都光滑無刺，由於排他性極強，取代原生物種的性命；故被視為入侵物種。

雞排與珍珠奶茶

宗翰按觸著手機：

「喂！下午六點半鐘來去逛夜市吃晚餐？！小倩。」

小倩在辦公室接著手機：

「好啊！我會搭捷運趕到，跟你會合。現在才中午十二點半鐘你就來約，宗翰你是不是太閒了；沒事做，來我辦公室幫忙？」

宗翰趕緊回答：

「不是閒著，是想妳想見妳想跟妳聊聊；談談天；牽牽妳的手。」

青龍從宗翰、小倩他們倆之間的眼前飄飛過。

玄武在溪河游著，跟著二隻幼小玄武，宗翰、小倩倆都看見了。

「我忙接待客戶，宗翰如果當不起業務專員，就要改行。哪一行不做，做業務；有人如魚得水，我是困灘岸的白龍，真笨！大學畢業的第一份工作業務專員，業務去哪裡找，我還要為別人服務，自己又招呼不到客戶，小倩救救宗翰，來裝一下，行啦！高興就好。」

小倩打趣的說：

「還不是一樣，我去就能怎麼樣，你還不是空空，做不到業績，多一事不如省一事。我沒錢投資理財，光吃飯都要精算

花多少錢，家裡還有我老媽老爸要養，給家裡補貼的錢家裡弟妹哇哇叫。」

　　時間一分一秒過著倆人聊得盡趣，一點半鐘了。小倩微笑用手機跟宗翰聊著：

　　「我要上班了，不要再說了，手機通話費很貴。」

　　宗翰露著笑顏看著水族箱裡的紅劍魚：

　　「好啦！六點半鐘見，我等妳哦！不見不散。」

　　在八樓的公司房子被用力搖晃著，宗翰打開電視看新聞台，新聞記者說：

　　「震央在宜蘭羅東，淺層地震約地底下十五公里，芮氏規模五的有感地震，羅東五級、台北市二級、新北市二級、、、花蓮四級，到目前無人傷亡。」

　　水族箱水激烈搖動，紅劍魚嚇得猛力在水族箱裡游著，再躲到水草後面，四處張望。紅龍魚匆匆游過水族箱又離開，游向落地長窗陽台再向藍天游去。蔡總經理趕緊自他辦公室衝了出來：

　　「快把門打開，家裡有事的可以先行離開。請客戶下樓去，走樓梯，小心掉落物，注意 ── 安全第一。請警衛看緊公司財務，小心人員安全，快下樓去。」

　　「回公司後，檢查一下公司財務是否有損失，公司內外牆壁管線是否有損壞。」

　　彤緯按著電話鍵宗翰沒有下樓：

　　「喂！宗翰剛才有地震，你知道嗎？」

　　宗翰口開大笑：

　　「台灣常有的事，但小心點也是對的。喂！今天六點半鐘去逛夜市吃晚飯好嗎？」

彤緯一副興奮：

「好啊！我會準時到夜市入口，宗翰有沒有約你親愛的；小倩？！」

宗翰滿臉笑意：

「有啊！有啊！謝謝！」

掛完電話蔡彤緯忙著打扮；穿短襯衫、穿長褲、找錢包、帶手機，唱著台語老歌舊情綿綿。六點鐘彤緯到了夜市入口，看著手錶看著夜市吃的穿的戴的玩的一攤攤。等待他們倆的出現，看見路過的小姐目不轉睛直視著，看著看自己笑了，嘴裡唸著：

「好好色哦！色鬼。」

宗翰到達六點二十分鐘，小倩還不見人影，宗翰和彤緯兩人閒聊，一輛載龍舟的貨車從宗翰、彤緯身旁疾駛而過，小倩站在宗翰身旁：

「我沒遲到，宗翰。今天在忙什麼？！」

貴賓狗自他們三人的後面跑了過去，吠了二聲，他們沒有反應，三人直在聊天慢慢走入夜市，逛著；有說有笑，宗翰牽小倩的手，宗翰最樂了：

「小倩，好久不見。」

小倩舉起右手手掌搖著左右擺動，抿嘴：

「昨天才見過面，不要亂講！」

彤緯答腔：

「一刻不見如隔三秋！」

一位小丑自宗翰的面前，翻筋斗跳過，後對宗翰笑著，用右手食指，指著宗翰離開，小丑一面走著一面比畫著圓圈圈，滿面笑容滿面畫著小丑臉。他們想著昨天吃勁辣墨西哥雞排丼

飯口水就直流。彤緯指著翻筋斗小丑的方向說：

「我們去買雞排？我肚子好餓！但又不想吃飯吃麵。」

宗翰看見一條牛一尾蛇：

「好啊！小倩妳覺得呢？！」

小倩看著宗翰。媽媽在織毛線衣。指著宗翰背後的雞排店：

「彤緯既然提議，少數服從多數。走！」

「蔡松栓，我們要三片雞排。」

松栓高興：

「好吃哦！皮脆肉嫩又多汁，便宜一片才六十五元，三片總共一百九十五元，十五分鐘後再來取，找你們五元。」

彤緯突然狂言：

「松栓，你女朋友名叫小倩？！小倩在宗翰旁邊，陳小倩。有沒有看到？」

松栓笑容笑口點著頭：

「對呀！長的不漂亮，就愛說笑話！我們就是這麼有緣，要常來啊！小倩忙著當行政文書，講白了；是業務員只是還要做行政助理，嗨！學歷不高，只有私立高職畢業，我跟她都不會讀書，沒腦？！但賺錢也不輸人，賣弄勞力賣弄時間賣弄關係，快哦！幫你們炸雞排。教人家理財，我們賺點零用金也不過份，都是小錢，積少成多。小心有詐騙集團，工作要做；信譽要顧，我們還年輕路是走長遠，不要為了錢把自己的前途給毀了。耶！信譽是人的第二生命，千萬要守信譽，一生日子才會好過，台灣人不是說要重情義？！重情義不也是講信譽，有榮譽感負責任的心，生命才會有意義，才能創造生命。」

彤緯稱讚：

「松栓你說你不會讀書，但是人生大道理你懂的比我們

多。」

小倩看著蛇：

「我們趁著個時候去買珍珠奶茶，珍珠Q軟，奶茶香好喝。雞排跟珍珠奶茶，它們倆是絕配。雞排珍珠奶茶也講信譽；重情義。」

宗翰大叫一聲：

「就是我們倆嘛；小倩。我是雞排，妳是珍珠奶茶。」

彤緯猛點頭為他們倆祝福。一聲廣播聲從小倩耳朵穿過：

「小倩我愛妳，宗翰永遠是第一。」

三人吃著雞排珍珠奶茶，走在夜市逛著一攤攤和店面，笑談歲月笑談人生笑談今日的他們，夜市街上幾乎每人一份雞排珍珠奶茶。宗翰匆的推開彤緯：

「小倩，什麼時候要嫁給我？！」

朱雀開屏，轉著身子繞了一圈。彤緯樂了，小倩看著宗翰：

「等你有肩膀扛起家庭重擔，就嫁給你，我還是會做行政助理，直到不能做為止，幫你生對娃。」

白虎開口笑吼著，對著他們三人，再轉頭再看著他們三人。

一張雙人床一間房子在小倩和宗翰的眼前展開，一女一男的娃在玩耍，可愛的笑容流著口水，先有女嬰再有男嬰，剛好一個好字，家庭圓滿幸福，宗翰升格父親事業升格業務經理，小倩家管。倆人帶著好字去夜市逛，一起吃雞排珍珠奶茶國民美食，只是這回只各買一份四人吃。貴賓狗悄悄走過他們身旁，開口笑著。朱雀開屏後，展翅飛翔，飛遶著宗翰一家人和整個夜市。蔡彤緯老婆小名叫小倩，倆人生了一對龍鳳胎和一女一男，一女一男各差二歲，龍鳳胎又大一女二歲，彤緯升格父親後事業就穩定，在公司開發部當副總經理，公司的心臟大

腦，喜歡動腦的他從事這行業剛剛好，煩惱雖多他都能從容不迫，下屬對他十分敬重，太太二度就業，不做家管想奮鬥一番事業，小孩給媽媽爸爸帶，就是小孩爺爺奶奶。彤緯家人也喜歡吃雞排珍珠奶茶。

二家小孩長大也繼承父母之志；愛吃雞排珍珠奶茶，邊走邊吃笑哈哈，功課成績也不差。

貔貅放在家裡的書桌上。

青龍又出現在二家的門口。

溪河裡游著玄武。

白虎開口吼笑。

白荷思索了一遍一遍後也參加了宗翰、彤緯二家人的行列，帶著妻小與他們聯絡，白荷妻子名字叫陳小倩，跟宗翰的妻子同名同姓，白荷愛聊天從事業務專員，家裡水族箱裡養紅龍魚和烏龜；銀龍魚自白荷家的氣窗游入水族箱游了一陣子再游出游出十樓落地長窗陽台游出向雨天裡游，愛到廟裡拜拜求神保佑業務客源強強滾家庭大小平安快樂身體健康，到夜市吃雞排珍珠奶茶，求之不得哦！最愛唱台語歌：

「人在江湖身不由己，人生在世只有兩字，一字情一字義，因為你是阮的天，阮的愛只有一個你，咱的心永遠永遠袂分開……。」

青龍自白荷眼前飄飛過。卡通人物大雄、多啦A夢直在白荷腦海浮現，食指指著他和妻子。野玫瑰花在家門口長了出來，開了花紅透透。在家裡吃著雞排珍珠奶茶看著電視。

我唱妳和

警車開道護送救護車往療養院方向奔馳而去。

妙雲宮大殿鬼谷子正有彤緯的媽媽在膜拜，嘴裡唸著句句願望：

「盼小子彤緯能早日康復，無要再出入療養院，是否鬼谷子能算出一二，保佑小子彤緯健康無虞無疑？！」

鬼谷子滿面笑容，右手摸著祂白白長長的鬍鬚，點點頭自坐位站了起來，後又坐下右手拿著法器向天空揮了一圈，笑笑看了彤緯媽媽一眼，無做聲。

一、打開窗打開門

迎向紫羅蘭

迎向美麗天空七彩的虹

眼眶裡緊張

依舊無願意放過彤緯

大海大山是彤緯的永遠

是否能看見　浪花

看見　巨岩

看見　古樹巨草

彤緯想瞭解紫羅蘭

二、希望紫羅蘭

能給彤緯個回答

牽手事

請紫羅蘭

無要忘記考慮

無要忘記彤緯在身邊

三、早上六點零一分鐘

彤緯想著紫羅蘭

紫羅蘭是否想起彤緯

彤緯試圖去問

紫羅蘭何時要開放

花開　接受葉子彤緯的叮嚀

囉嗦輩子

紫羅蘭能否讓彤緯更瞭解

小小的秘密

四、彤緯是海岸巨岩

問紫羅蘭是否是浪花

讓人更能能明白

更能知道紫羅蘭的可能

因為盼紫羅蘭無只是朋友

會是相守紫羅蘭

五、紫羅蘭就是那麼美麗

那麼浪漫

叫人霧裡看花

叫人為之傾全腦海

想像只為朵紫羅蘭

　　到達急診室四肢被綁在一間獨立的病房床上；彤緯不停吼叫掙扎：

　　「要上廁所。」吼叫幾聲，護理師開門進來：

　　「彤緯是被警車護送來的，所以按規定是要綁起來幾小時，乖點一下就過了。」

　　彤緯急忙告訴護理師：

　　「要上廁所，尿很急；快放彤緯下來。」

　　護理師悶聲不想的離開病房；彤緯又不停吼叫：

　　「讓彤緯去廁所回來再綁，控制不住了！」

　　另一位護理師拿著尿壺：

　　「這個可以吧！」

　　就這樣被綁了幾小時才鬆綁。紫羅蘭自香港打手機給彤緯媽媽原本是要告狀，沒想到得知彤緯的消息趕快乘坐飛機回到台灣，傍晚的時候趕到看見彤緯：

　　「媽、大嫂妳們可以回家，這裡有紫羅蘭照顧彤緯就夠了。」

　　一隻白鴿在急診室門口徘徊：紫羅蘭到彤緯身邊看了一會便又離開走到急診室的客廳，坐了下來，而後紫羅蘭似乎沒有聽到彤緯，接連叫了幾次後放棄了，這時的彤緯已經，回第二診間睡覺，裏面躺著不少病患，有的在打針吊點滴，大多數像彤緯衣衫不整在睡覺。今天已經是隔日的星期天，紫羅蘭買早餐回急診室，紫羅蘭吃的愉快，彤緯吻了紫羅蘭臉頰，紫羅蘭微微笑看著彤緯；但似乎很疲倦。護理師要求彤緯填寫堆表單，彤緯光腳丫子穿破內衣一張一張的填寫，護理師和醫師好

認真的觀察每位病患；在護理站內，——

　　鬼谷子帶著微笑，帶著祂的法器，對天空揮了幾下，又對彤緯的頭臉揮瞭幾下，張開嘴笑著臉龐離開彤緯的視線，彤緯也笑了看著鬼谷子。

　　星期一；進入一般病房，有重重鋼門三道，精神科醫師跟彤緯還有護理師、心理醫師、實習醫師在小房間談論瞭解彤緯的病情，彤緯在談論時護理師都在打瞌睡男女三、四位，醫師則不厭其煩一一的問一一的說明，其實後來彤緯才理解護理師、心理醫師、實習醫師他們都在演戲，再再都在試驗病人的反應，也用此告訴你你不是唯一，而彤緯病人卻都自認為自己是唯一是跟別人與眾不同，有此想法對彤緯來說亦是正常因為藥物都治不好；只能控制讓腦筋清楚，但耳朵裡聲音依舊吵雜，醫師提了一個問題：

　　「假如我們需要實驗；你是否願意配合？我請江曉惠女醫師當你的主治醫師？」

　　彤緯絲毫不加思索：「我願意。」

　　江醫師與彤緯媽媽約談，彤緯媽媽帶兩孫子進入一般病房，彤緯媽媽被問及任何事都是一問三不知，能確定的家族沒有任何人有過病史，而江醫師認定彤緯媽媽有所隱瞞，彤緯媽媽陳信前腳離開紫羅蘭後腳就進來，帶著堆吃的和盥洗用具、衣物等等，女病友見紫羅蘭通過三道鋼門進來抓紫羅蘭的頭髮、衣服紫羅蘭絲毫不畏懼，男護理師：

　　「紫羅蘭很勇敢，進來不會有事的，我們會保護妳。妳們讓開不要亂抓人家的頭髮和衣物。」

　　女病友們：「紫羅蘭頭髮好長；好漂亮，衣服是那裡買的，

好漂亮。」

　　鬼谷子在紫羅蘭面前出現，一臉笑容對著紫羅蘭說：

　　「紫羅蘭是位好女孩，明天會是好天氣，太陽會向紫羅蘭招手，照亮彤緯與紫羅蘭的紫羅蘭故事，紫羅蘭的故事會直傳說下去，恭喜，也謝謝好榜樣。」

　　醫師問紫羅蘭彤緯的病史：

　　「是彤緯住院彤緯媽媽在手機告知才知道彤緯有精神方面的疾病，自香港坐飛機趕回來，而紫羅蘭現在和彤緯在外租屋。」

　　紫羅蘭帶來點心回病房，彤緯猛吻紫羅蘭，紫羅蘭又微微笑了。二、三白鴿在窗戶外停棲還有麻雀叫聲不絕好不熱鬧。紫羅蘭跟彤緯聊天看著白鴿好不厭倦疲憊：

　　「彤緯怎麼不事先告訴紫羅蘭，彤緯有精神上面的問題。」

　　無奈的彤緯眼眶帶淚：

　　「是媽不讓彤緯講，對不起！紫羅蘭會不會不來看彤緯？！」

　　紫羅蘭臉夾帶微笑沒有回答，過了一會兒：

　　「彤緯的病會好的，紫羅蘭有去圖書館和書店讀和病情相關的書，好好與醫師配合合作，一定會好的，那我回租屋處嘍！」

　　鬼谷子看著紫羅蘭和彤緯大笑三四聲，揮著法器彤緯紫羅蘭都看見聽見了。

　　第二天；同樣時間，買堆吃的，就在中午後吃點心時間，一堆很特別的點心彤緯剎時愉快吃著，吃完後回病房，紫羅蘭坐病床上滿面笑容，紫羅蘭整理了病床四周，把棉被摺疊起來

整理好看著彤緯：

　　「昨天有沒有洗澡，換洗的衣物在哪，紫羅蘭帶回去洗，房東太太要紫羅蘭搬家，已經貼上租屋告示。」

　　彤緯不發一語，將換洗的衣物塞給紫羅蘭。彤緯又猛烈吻紫羅蘭的唇：

　　「紫羅蘭還愛彤緯嗎？」

　　紫羅蘭帶著淺淡的微笑離開彤緯的視線。彤緯嘆口氣，躺臥在病床上，吵嚷的腦袋思索著。

　　1.人走在仁愛路，樹木如織，無捷運無公車的夜晚，步步
　　走著寂寞，無想招呼

　　計程車；因為衣褲口袋毫無分文，

　　　陳信媽媽手拿炷香走到電梯口，按往上樓的再等電梯到一樓，進電梯按往五

　　樓玉皇大帝大殿膜拜並許腦海裡所想：

　　「希望小子彤緯著次生病是最後一次，醫師會把彤緯的思覺失調症治好，盼玉皇大帝能關照小子彤緯，謝謝玉皇大帝。信女在此向玉皇大帝跪拜磕頭，亦請各護法神幫忙，謝謝；信女在此拜託。」

　　玉皇大帝摸著鬍鬚，站了起來手豎起大拇指，然後坐下帶著笑容，看著蔡彤緯媽媽陳信，眼睛看看天空右手食指指向前方，摸摸鬍鬚。

　　寂寞跟隨毫無要放棄的秒秒，看著手錶，已經是清晨三點鐘，風流陣陣吹起，樹葉開始吵吵做噁，做噁彤緯自以為自己是座詩人，小說幾句　風停了，樹葉無再做噁。

2.痛持續，而且加重，無時嘴裡喊痛，空氣突然凝結成冰，冰冷冷叫人難過，彤緯想添件衣服，但是人在忠孝東路，這陌生的路，順著路走問路人目標方向；找到了寂寞笑話與寂寞水溝。

3.紫羅蘭倩影，走在腦海裡，笑聲無斷，隻身坐在全年無休二十四小時營業便利商店，突然地面激烈搖晃，新北市 4 級地震。

4.寂寞走路了，仍然寂寞，因為誰懂彤緯的想法，紫羅蘭無見蹤影，去哪呀？！

　　並肩溫暖的日子何時可尋覓再得，無管路有多遠，都還是盼紫羅蘭早點回家。

5.能給紫羅蘭彤緯會用力，用腦去設想，為彤緯為紫羅蘭，開扇朝東迎晨曦的

　　窗，讓人一起看見，一起欣賞，一起說對的話，無忘每次早起。

　　第三天；星期三紫羅蘭；同樣時間，同樣買一堆吃的，在飯廳桌上為彤緯打開食物的蓋子，然後走進病房，幾位病友圍觀看彤緯在餐桌上大快吃著，吃完回病房，紫羅蘭又整理了病床，彤緯好不客氣吻紫羅蘭，窗戶外白鴿三、四隻；觀賞用的白鴿，羽毛收攏在身體；尾巴像蕾絲邊好漂亮，紫羅蘭看待得好高興，紫羅蘭吱吱喳喳直說著。紫羅蘭帶乾淨的衣物來換要洗淨的衣物，然後高興的離開那三道病房的鋼門。

　　彤緯媽媽陳信膜拜完玉皇大帝再按電梯往三樓主殿五路財神，電梯自五樓至三樓，陳信出了電梯，再點炷香向五路財神膜拜：

「盼望蔡彤緯小子，身體健康能有好的前途，無再被身體健康問題給困住？！望五路財神能提攜，讓這社會更健康讓這世界更健康繁榮，人們都能朝光明太陽的明天前行，請五路財神賜予聖筊，謝謝！十五分鐘後再回來請示。請五路財神保佑。」

江曉惠醫師亦來到彤緯的病床看窗外的白鴿子；曉惠樂不可支，彤緯也一樣，曉惠與彤緯並肩坐在一起一切的煩惱拋擲腦後，曉惠什麼也沒問，只是笑容可掬離開床位。曉惠醫師知道彤緯母親沒有實話實說，隱藏很多事，直說她很忙碌，要帶孫子家裡瑣碎事情很多，並且告訴醫師把彤緯關久點，最好別讓出院，媽媽很忙；有事找我家媳婦紫羅蘭。在私立療養院時，蔡女醫師認為既然家族史沒有人有精神上的疾病：

「那可能是基因突變。」

而江醫師否定了這麼個判定，理解和研究是否定的；曉惠相信自己的專業，絕對是後天造成的，彤緯母親圓不清楚自己的說詞；藉詞推託，令曉惠醫師無從判斷起，害陳信的兒子彤緯進出公私立療養院各三次各三個月以上，在私立療養院還造成彤緯藥物中毒，到大醫院醫師一看慌張的拿解毒藥，若沒有解毒，可能一輩子半身不遂，那醫師還沒問一瞧就嚇一跳，馬上說藥物中毒。

彤緯媽媽陳信跪地膜拜擲筊：

「若是五路財神同意信女陳信能給彤緯賺錢成為願望，請賜予聖筊連續三次！」

五路財神各自有笑的表情，陳信看了目不轉睛，也跟著笑了。陳信一擲筊第一次便是聖筊，而且連續三次。陳信帶笑容

離開。這間廟宇於民國 47 年農曆 10 月 15 日安座，原本鬼谷子暨王禪老祖日據時代（今樹林區姜子寮）在山頂許先生家中供人參香，後再請到現址，王禪老祖聖誕千秋農曆 3 月 26 日而現在是五層樓有電梯的廟宇，二、四層樓都還是空的。陳信乘電梯至一樓走出到介壽婚紗公園，坐在公園木椅沉思許久，看在公園活動雛菊和陪伴的康乃馨、太陽花；拍攝婚紗的玫瑰、薔薇，腦海有無限希望。

A、對紫羅蘭的要求

　　紫羅蘭從來無抗拒

　　似河水自由的流入海

　　紫羅蘭笑容滿面與彤緯在一起

　　彤緯笑容滿面與紫羅蘭在一起

　　紫羅蘭總是像月下老人

　　牽引彤緯的手

　　自彤緯繫起紫羅蘭的手

　　步入禮堂　直至

　　快樂帶滿足的容顏

　　離去紅塵

B、紫羅蘭總是微微笑

　　迎接彤緯

　　下班的黃昏時刻

　　走在金色的沙灘

　　月亮慢慢昇起

　　尋覓紫羅蘭的真諦

　　尋覓紫羅蘭無法休憩的原因

　　　　紫羅蘭的路途

　　　　只有從來無抗拒

　　　　在一起的

　　C、踩在仁愛路

　　　　聊得歡喜

　　　　聊得彤緯快樂

　　　　聊得紫羅蘭踩每步

　　　　紫羅蘭

　　　　紫羅蘭到哪裡

　　　　彤緯就走到哪裡

　　　　哪條長長的仁愛路

　　曉惠醫師來到彤緯身旁，一起坐在病房病床，摸著彤緯的臉：

　　「蔡彤緯為什麼長得那麼帥，曉惠好歡喜，趁紫羅蘭無在親曉惠一吻，好嗎？！」

　　彤緯只是看著曉惠，無發一語看著。

　　當初決定要跟紫羅蘭成為連理；彤緯個人思索很久；彤緯媽媽也一再問起；辦喜事當天還一而再再而三的問，內心的思量一點都沒有錯，真的！紫羅蘭知道彤緯的病況，還是不離不棄，是真心相愛，紫羅蘭每天都往療養院跑，每天都來報到，跟彤緯互動甚殷，看見就面露笑臉，毫無怨言一再面臨考驗，還是守著，管是誰追求紫羅蘭，都未曾動心過，在療養院期間碰上舊曆新年，除夕、初一、初二、初三整個過新年期間紫羅蘭都沒有休息或退縮；一起在療養院度過年假，紫羅蘭說：

「紫羅蘭此生從未如今快樂過；絕對不會縮手放棄在一起。」

在療養院三個多月紫羅蘭每天按時出現，沒有假日沒有心生退意心生害怕，心裡知道紫羅蘭是為窮其一生，追求愛情圓滿的紫羅蘭，每次來訪彤緯都禁不住擁吻紫羅蘭，當然彤緯亦沒有讓紫羅蘭失望擔心過，而且努力向上，自第二次離開私立療養院從一位第一志願高職畢業到大學學士後碩、博士畢業，讓紫羅蘭難以相信而驚訝，但是在求學時間裡，紫羅蘭金錢的付出是相當可觀；相當壓力的，紫羅蘭無怨無悔不離不棄，深深讓彤緯感動，紫羅蘭磨合期甚短，互信度甚高，實在很愛抱緊紫羅蘭吻紫羅蘭，沒有辦法改變的行為、福利，紫羅蘭對彤緯也是如此這般，無法忘情每分鐘每秒鐘，因為前方太陽炙熱，讓彤緯永不放棄努力以赴去追尋；追尋紫羅蘭，追尋快樂，追尋事業，追尋更新更高的未來，紫羅蘭已經點燃點亮彤緯的路，更何況太陽已經在前方炙熱等待，等待彤緯去追尋。一隻白鴿停棲彤緯正在寫作的書桌窗戶旁邊，咕嚕咕嚕的叫著，毫不怕人不怕生。

彤緯提筆用腦寫了三篇散文詩，送給彤緯最摯愛的女人紫羅蘭（陳琳）小姐，第一篇聽著音樂才想到題目；妳是一首老情歌：

一、彤緯試唱過曾聽過，因為好聽所以試唱曾聽的人很多，紫羅蘭是首老情歌，耐人尋味的歌，傳唱人人接著唱，人人愛聽。

二、就愛紫羅蘭老舊，所以像穿旗袍般，隆重好看。紫羅蘭

三、禁得起歲月考驗，紫羅蘭留存下來，可見無被歲月環

境變遷所打敗。

四、一次也只能聽一首歌，彤緯做了選擇，抉擇一首老情歌，紫羅蘭。

五、聽紫羅蘭，聽到忘了彤緯，彤緯努力將紫羅蘭聽進去。

六、紫羅蘭美麗無恆久，聽音無恆久，錄下來永遠保存，寫下來永遠記錄，待明日來……。

七、笑口常開就是紫羅蘭，恆久遠一顆永留傳。

彤緯筆名暨本名蔡彤緯第二篇散文詩亦是贈給腦海永遠無法無記得的女人紫羅蘭【陳琳】小姐篇名；妳是最美麗的風景：

A、彤緯眼淚裡，紫羅蘭是最美麗的風景，會令人驚歎到掉淚。

B、雖然紫羅蘭無打扮，彤緯腦海裡最美麗的風景，是紫羅蘭

C、有人說：「紫羅蘭已經枯萎了！」彤緯打量著紫羅蘭誰無會枯萎，彤緯亦白髮蒼蒼皮皺肉鬆，紅綠燈閃爍久了也會壞也會舊，警示人們警示著自己。

D、紫羅蘭也是個缺，紫羅蘭多，還醜惡多，私自的人們紫羅蘭多？！

E、紫羅蘭的風景，總令人快樂，總令人想佔為己有，潦草訴說自私的彤緯。

F、紫羅蘭的風景，就像吃鴨片，會讓人上癮，會讓人無法自拔。

G、兒時尿濕褲子是紫羅蘭風景，長大後會是種病疾。

H、紫羅蘭相悅，在街上相吻，浪漫了街道，浪漫了人們腦筋的風景。

I、走了走了分手了，悲傷？浪漫街景拉長了景深，又愉悅了人們嘴唇。紫羅蘭

第三篇彤緯是看著字典寫了篇名：妳是春花，賜與紫羅蘭【陳琳】小姐，這也是給紫羅蘭一個驚喜

1、紫羅蘭是春花，一群群鴿子飛進紫羅蘭的眼瞳。

2、大象吐水，噴向紫羅蘭，紫羅蘭是春花。

3、春天一早，麻雀便吱吱喳喳紫羅蘭。

4、城市的公園，紫羅蘭也搶春天的日子。

5、紫羅蘭的昂貴叫園丁無願隨意售賣，腦海總是浪漫著紫羅蘭。

6、慢慢日子裡，慢慢紫羅蘭，無須假裝。

7、漫畫就那麼多，紫羅蘭就那麼多。

8、佔據春日，但無法佔據紫羅蘭任何時間上的一秒。

9、朵紫羅蘭開花，春天依舊快樂歌唱，朵紫羅蘭凋謝，春天依舊快樂歌唱。

10、唱一首紫羅蘭，浪漫紫羅蘭，腦海在這數位光電的世界；仍有紫羅蘭！

離開療養院時，住院費亦是紫羅蘭付出的，臉龐還是帶這笑容；高興的為彤緯犧牲任何一切，這輩子何德何能，娶到如此賢慧紫羅蘭。在乎對方一樣的，紫羅蘭常言道：

「不知這輩子是否能，直在一起共創未來；緊緊相依到白首？！」

門診拿藥時紫羅蘭如何忙碌都會陪彤緯上山拿藥門診。

這幾年慢慢才知道，精神科曉惠醫師有意要跟彤緯在一起，從紫羅蘭的嘴裡說出當年曉惠醫師與紫羅蘭競爭和妥協。心理醫師對紫羅蘭展開的追求，也相信紫羅蘭的精神讓人感動，管它刮風下雨都不放棄，每天都會來療養院看彤緯，紫羅蘭的出現讓彤緯精神為之一振，心靈得到了撫慰，給予努力的方向和無從言語的愉悅，看太陽又自東方昇起，熱烈燃燒自己照亮彤緯紫羅蘭前程，再多的困難將全力衝過去，人生有多少順遂快樂？沒有面臨任何考驗還叫人生，就因此起起落落人生才有意義。首利安這新藥，聽到很多資訊一些病友幻聽都好了，而彤緯個人亦感到有所改善雖然痊癒還遙遙無期樂觀彤緯喜悅在心裡徘徊。

從事寫作成為彤緯的樂趣，也成為工作事業，管以後會發生何故將堅定的走下去，直到離開人間。

咕嚕咕嚕叫著的一隊白鴿自彤緯寫作的書桌窗口；展翅飛舞離開身心靈；又飛舞回書桌窗口；住身心靈。

自新北市板橋區走在 435 藝文特區、新海人工溼地、浮洲藝術河濱公園、湳仔溝鐵馬驛站再走上新月橋──悠閒參觀遊玩，眼前所見一顆大型鑽石戒指，和來來往往紫羅蘭、玫瑰、薔薇、康乃馨、……用手機猛拍照，月球也在眼前，又一顆大型鑽石戒指，走下新月橋武前街再到新北市新莊區新莊廟街新莊路的武聖廟，右方新莊路上新莊區第一公有零售市場前方是慈祐宮新莊媽天上聖母，人潮眾多無從形容，在這傍晚例假日，……

飛行路

　　康復之家在中山路，是整層樓平面的製做管理方式，一位新進住民名叫林思惠，每到零晨就起床在曬衣場廁所旁的盥洗台用力洗著毛巾，猛力搓揉洗著，每天都如此每次都要十幾分鐘，彤緯零晨起來上廁所便會看見：

　　「思惠又再洗毛巾，猛力的洗？！」

　　航空公司人事室上班林美麗，常回憶 拿照片與女兒霓、兒子飛甚至丈夫向雲天聊起西元 1970 年代，考上空中小姐，接受訓練和飛行服務日子。三月某日早晨，美麗既將第一次飛行服務，走在登機室；從窗戶瞧見成群白頭翁翩翩飛過，登上國內線飛機，機上除了機長、副機長，還有位大她五歲空中少爺雲天，他是空中"老"少爺，因為比美麗來得早二年，年齡也算是夠"老"，帶美麗進入狀況，倆人聊來甚歡，他說：

　　「從未如此快樂過。」

　　當美麗三個月後，調國際線服務，有休假便常與聯絡。倆認識一年後，雲天不飛了，自營貿易公司，常國內外走動，倆除了常在美麗休假聯絡、出去散心；偶爾會在飛機上碰面。美麗二十三歲自空中小姐退休，進入地勤；再到人事室辦公前，決定嫁給他；婚姻美滿，工作勝任愈快，第二年生下霓。

　　霓漸漸長大，常跟母親提高中畢業後，要當美麗空中小

姐，步母親後塵，但美麗總力勸；別作夢；死了這條心霓十九歲屢次向母親表達強烈意願，得不到正面回應，便偷偷去應徵空中小姐，在錄取、辦完手續、要飛前，才提登機箱；告訴父母親和弟弟，與父母親爭吵同時，她快步走過大門，搭上計程車奔去報到，再與三位空中小姐一起走到登機室，她看見窗外有隻白頭翁慢慢飛過，她睜大眼睛；臉色露出喜悅表情。

　　起飛後她服務乘客，和三位空中小姐學習；漸入佳境飛機落法國休息時，她們其中一人提議：「去逛逛。」無人異議下，聯絡摩根當嚮導，摩根開愛快羅蜜歐來載她們，玩正快樂笑聲不絕，霓和摩根倆人凝視對方許久，三位空中小姐則突然停止笑聲。

　　第二次霓飛法國，上飛機前她聽到白頭翁叫嚷：巧克力、巧克力《閩南語》雞骨頭加酒，她不自覺在登機室內跳了跳向前走二步，到法國她聯繫摩根，摩根載她到大樓旁，注視她後親吻，霓沒有過初吻，但隨摩根吻的節奏，而漸入佳境，他抱起霓；搭上電梯入房間後，霓從此成為“女人”，在依依不捨下告別摩根。

　　第三次霓訪法國，迫不及待想見摩根，食髓知味再見面，上他的床叫一聲聲滿足、快樂。在法國休息時間，霓總是渴望觸及摩根每分每寸肌膚，和令人陶醉食禁果的快樂。

　　第四次霓要飛法國，上飛機前，在航空站看見隻白頭翁嚷：雞骨頭加酒《閩南語》。來到法國卻聯絡不上摩根，試各種方式都無法聯繫上，在飛機要返回臺灣前，放棄了———眼淚奪眶而出難以置信走進法國機場，對窗看霧濛濛天空，眼淚直流，飛機飛向臺灣。

此後；霓每到一休息地方，不管是法國、英國、美國、西班牙、香港、……都會去釣凱子，一方面可賺錢，一方面可滿足內心及身體的需求。

什麼時候開始如此寂寞

什麼時候開始如此孤獨

像太陽獨自發光和熱

即使在一日最後落入山的哪邊

背影在洗著毛巾

洗著憂傷

曾經的紫羅蘭

曾經的薔薇

曾經的玫瑰

都無曾開放

都沈默的凋謝枯萎

更待什麼時候

才有什麼時候

直到有一天，休假時在臺北認識蔡彤緯，便與其有性接觸，自此對他有幾許無法釋懷，不知為什麼自認識那天，便覺找到（救贖），找到無與倫比的快樂。每次出勤便會想起他。再與別人性接觸；腦海浮現是他的吻；他身體每一部份，陽具模樣和陽具在身體裡；那種想生死相許的感覺。

倆人認識隔年，霓出勤飛機落地休息依然去釣凱子，去享受。飛機要返回，在新加坡要落地前，機長突然發現機輪胎無法伸出降落，便通知塔台和隨機人員坐好準備，要用機腹迫

降，在迫降瞬間，引擎著火跟著飛機後客艙也著火，帶飛機停穩霓奔跑向後客艙疏散乘客，都緊急疏散安全下飛機，她才從艙門口走下來，而消防人員正在撲滅火勢，霓臉及手都燒傷；急診室包紮消毒，這時她看見新加坡民航局開記者會，不僅要徹查此事件；並對其疏散旅客有功人員將予以表揚，霓看完後醫生也將其臉手燒傷包紮消毒好，醫師還未開口，她說：

「霓要回臺灣；霓不要住此地醫院。」

霓父母親弟弟及彤緯都看見電視轉播，母親亦接到電話告知此事件，母親聽完後內心有難以表達傷痛和安慰而流下眼淚，父親及向飛注視電視；接二連三說：

「那不是向霓嗎？那不是姐姐嗎？」

家人趕辦手續要去新加坡，卻收到消息霓要返國了。

當霓搭上飛機，機上服務人員都為她鼓掌，全機乘客也都鼓掌，甚至有人站起來豎立，霓帶微笑：「謝謝大家！」

有人不停探首，說著鼓舞話還想看清楚她臉她的傷，飛機將落地停穩，一群白頭翁飛過飛機窗口，她目不轉睛看著。

下飛機她頭微微低低，當抬頭同時一聲：

「嫁給我；好嗎？」

穿入霓耳朵彤緯站在面前；喜悅笑容帶眼淚，點了點頭投入懷中，忽然一聲槍響再一聲，一群白頭翁、白鷺鷥、鴿子、老鷹、小雨燕、麻雀、雲卻、大卷尾、綠繡眼、斑文鳥、棕背伯勞、……，鳥向四面八方飛，還有八哥沒被槍聲驚嚇到，他學槍聲亦學其他鳥兒向機場外飛；只不過它是慢慢慢輕輕飛。

霓父母及弟弟帶笑容和眼淚站在她眼前。

林思惠直來康復之家，每天零晨左右就搓揉著毛巾，不斷

的嘴巴唸唸有詞，彤緯每次碰到都說：

　　「別再洗了，強迫症是無藥可控制的，自己要慢慢改掉這病症。」

　　「林思惠別再洗了，聽彤緯的，真的別再洗了。」

　　隨後彤緯說完轉頭就走往健康房去睡覺。

附　錄：新　詩

曹慶先生的西元 2019 年 01 月 27 日
——贈創世社會福利基金會創辦人

除夕的西元 1991 年
萬華龍山寺附近
街友饑寒交迫的日子
彤緯路過看在腦海裡
下了決定拿著退休俸
招集 10 幾名義工
做 30 個便當
第 1 屆「街友尾牙」溫暖登場

西元 2019 年 01 月 27 日在這中午台北
總統府前贈予 5 位百歲長輩
人瑞博士證書
4 千桌全台灣 16 處同步
全台灣超過 4 萬名寒士飽餐一頓
台北總統府前雨揚居士雷洪先生等等歌舞表演
給寒士欣賞讓愉快伴隨著寒士
全台灣 5 千位義工
安定社會的力量
坐著感動寒士

吃彤緯愛您 30 分鐘得永恆

寒士每人拿到 500 元紅包

喜悅吃尾牙快樂過新年

創世　華山　人安基金會策略聯盟

第 29 屆寒士吃飽 30

自校園民歌開始

──贈羅大佑先生

一、鹿港小鎮

說明了
玫瑰植在彤緯的
腦裡
但牽掛並無
離了
抹去塵埃
依然是
快樂加複雜
的想法
總希望
總盼
每天能在鹿港小鎮

二、春耕的時節

農夫臉泛著喜悅
彤緯跟
種下秧苗

待秋收
冬藏
唱曲過冬的歌
再待春天到臨

三、走玩偏右

走上極右
彤緯
在開玩笑
那親民的臉
可
無曾離開
為在台灣
無見彤緯

四、本來就似小小鳥

無常在電視出現
初初見面
彤緯
在體育場館的
搭的舞台
笑説從頭

流行音樂泰斗

——贈李宗盛先生

一、一句山丘

唱盡彤緯一生苦悶

無燈的黑暗夜
在客廳
坐在沙發椅
聆聽這首歌

寂寞並無因此
走入腦海絲絲
安靜中可以帶來的

苦悶無蹬徒子
抓窗翻牆而至

二、今日是教師節

玫瑰無因節日
而悄悄離遠

憶蓮才剛出門
笑聲無此而落幕

孩子們在身旁陪伴彤緯

家裡除了玫瑰蓮花
還有蝴蝶蘭
就種在書桌一隅

三、食桔子

眼前
龍尾在
飛舞
彤緯的期待
竹籬笆門
的裏頭

四、今年是中國金牛年

加油
努力
再下一成
讓同胞們
多寫笑語
多寫藝文
多寫甜點
多寫感恩
　　我是隻小小小小　鳥